코퍼스 활용과 한국어 교육

朴文子 (Piao Wenzi)

1964년 중국에서 태어나 1986년 중국 중앙민족대학을 졸업하고, 서울시립대학교에서 문학 석사학위, 서울대학교에서 교육학 박사학위를 취득하였다.
현재 북경 대외경제무역대학 전임강사를 거쳐 2003년부터 중국 중앙민족대학 교수로 재직 중이다.
저서『한국어 교육문법과 의존구성 연구』와 역서『告诉你韩文的秘密』(공역), 그 외「한국어 교수법과 학습법의 상관관계」,「언어사용 원리에 입각한 한국어 교육의 과제」등을 비롯한 여러 편의 논문을 발표하였다.

코퍼스 활용과 한국어 교육

초판 인쇄 2013년 12월 2일
초판 발행 2013년 12월 6일

지 은 이   박문자
펴 낸 이   박찬익
편 집 장   김려생
책임편집   김지은

펴 낸 곳   도서출판 박이정
주   소   서울시 동대문구 용두동 129-162
전   화   (02) 922-1192
팩   스   (02) 928-4683
홈페이지   www.pjbook.com
이 메 일   pijbook@naver.com
등   록   1991년 3월 12일 제1-1182호

ISBN 978-89-6292-523-4 (93710)

* 책값은 뒤표지에 있습니다.

코퍼스 활용과 한국어 교육

박문자 지음

도서출판 박이정

저자 서문

코퍼스는 언어 연구를 위해 실제 언어 자료를 문자 텍스트나 음성 녹음으로 구축해 놓은 자연 언어 자료집으로서 언어 교육에도 다양하게 활용되고 있다. 한국어 교육에서는 기본 어휘 선정이나 학습 사전 개발을 위한 표제어 선정이 코퍼스를 기반으로 이루어지고 있으며, 코퍼스를 활용한 어휘, 문법, 담화 측면의 연구가 단편적으로 이루어지고 있다. 코퍼스 구축은 또한 언어적인 직관을 가지지 못한 외국인 연구자도 코퍼스 자료를 통계 분석하여 객관적인 언어 연구를 진행할 수 있는 새로운 가능성을 열어주었다. 이 책은 이러한 맥락에서 한국어 범용 코퍼스를 활용하여 유의어, 준말, 보조사 등 동일 범주에 속하는 유사 어휘의 변별 정보를 파악하는 방법과 단어의 연어 형태를 검색하여 사전에 기술하는 방법을 논의하였으며, 그 실제를 보여주고자 하였다.

한국어 교육에서 코퍼스는 누구나 친숙하게 활용하는 대상이 되었다고 말하기는 어렵다. 코퍼스 구축 전문가나 연구자를 제외한 대부분의 교수자와 전공자에게 여전히 생소하기만 하며, 외국인 한국어 교수자나 전공자에게는 더더욱 그러하다. 굳이 이 책의 집필 의도를 밝히자면, 저자와 같은 교수자를 포함하여 한국어 전공자나 신진 연구자가 좀 더 쉽게 코퍼스에 접근하여 한국어 교육 연구나 실제 교수-학습에 코퍼스를 활용할 수 있는 기법을 모색하기 위한 것으로 하고 싶다.

본서는 크게 3부로 구성되어 있다.

1부에서는 코퍼스를 활용하여 개별 어휘의 출현 빈도, 문법 형태, 자료 출처의 시대적 배경 등을 분석하였으며, 그 결과를 바탕으로 모어 화자의 어휘 사용 특징을 분석하였다. 모어 화자의 언어 자료로 구축된 코퍼스는 우선 모어 화자의 언어 사용 양상을 보이므로 개별 어휘의 출현 빈도나 문법 형태의 출현 패턴을 파악할 수 있다는 장점이 있다. 이는 한국어 교육에서 유사 어휘나 비슷한 의미 기능을 하는 문법 형태를 변별하여 교수할 때 주요한 근거 자료로 이용할 수 있다. 1부에는 유의어에 속하는 어휘 '범'과 '호랑이', 본말과 준말의 관계를 이루는 '가지-'와 '갖-', 보조사 중 비슷한 의미 기능을 가지는 '-까지', '-마저', '-조차'를 각각 세 개의 장으로 나누어 이들의 사용 차이를 밝히는 것에 초점을 두었다.

실존 언어 자료를 집합하여 표준화하고 형태 정보를 주석하는 등 언어 연구 자원으로 이용할 수 있도록 구축된 코퍼스는 핵심어를 중심으로 가까운 거리에 위치한 단어들의 공기 형태를 짧은 시간에 쉽게 추출할 수 있는 가능성을 열어주었다. 본서의 2부에서는 학습자 특성을 고려한 학습 사전 개발의 전제를 논의하고, 코퍼스에 기반을 둔 명사 중심 연어 형태를 학습 사전에 기술할 필요성과 구체적 방법을 논의하였다. 명사는 한국어 어휘의 반 이상을 차지하며, 문장에서 주어나 목적어, 보어와 같은 핵심성분 중의 하나로 격조사를 매개로 다양한 공기 형태를 보인다. 이는 동사나 형용사와 같은 활용이 있는 용언을 중심으로 연어 정보를 제시하는 것보다 더 쉽고 체계적인 교수-학습이 될 수 있는 구성이 된다. 코퍼스에서 연어 형태를 파악하여 학습 사전에 제시하는 것은 개별 어휘가 사용되는 다양한 문맥적 의미와 문법 형태의 패턴을 보여주게 되므로 학습자의 어휘력을 발달시키는 주요 경로가 된다.

본서의 3부에는 이미 기존 학술지에 발표된 논문이지만 한국어 교육의 효율성을 높이기 위한 관점으로 정리될 수 있는 연구를 다듬어서 모았다. 각각 학습자를 언어 사용자로 전환시키는 일을 교육의 목표로 정하고 언어사용 원리에 입각하여 교육의 방향을 가늠해보았으며, 교수법과 학습법의 상관관계에 따른 학습법의 형성 방안을 제시하였다.

저자가 낯선 코퍼스를 조금이나마 친근하게 접할 수 있었던 계기는 2012~2013년도 서울대학교 국어교육연구소 연구공모사업인 《한국어 어휘 결합 사전》 개발을 진행하게 된 덕택이다. 이 자리를 빌어 모교의 은사님이신 민현식 교수님, 윤여탁 교수님, 구본관 교수님께 감사의 마음을 전하고 싶다. 그리고 언제나 한결같은 마음으로 출판을 맡아주신 박이정 출판사의 박찬익 사장님과 원고를 알차게 꾸며주신 출판사 식구들에게도 진심으로 감사를 드린다.

2013년 12월
북경에서

차 례

저자 서문 ········• 5

1부 코퍼스 활용과 어휘 문법 연구

제1장 코퍼스의 개념과 유형 ········• 13

1. 도입 ·· 13
2. 코퍼스의 유형 ··· 14
3. 코퍼스와 외국어 교육 ··· 18
   (1) 코퍼스 기반의 외국어 교육 18
   (2) 한국어 코퍼스의 구축 현황 19
4. 요약 ·· 23

제2장 유의어의 사용 양상 ········• 25

1. 도입 ·· 25
2. 개별 어휘의 사용 양상 ······································· 28
   (1) 어휘 빈도 조사 결과 28
   (2) 어휘의 결합 관계 30
   (3) 시대적 환경 34
3. 요약 ·· 37

제3장 준말의 사용 양상 ········• 40

1. 도입 ·· 40
2. 개별 어휘의 사용 양상 ······································· 45
   (1) 의미적 양상 45
   (2) 출현 빈도 및 분포적 양상 50
3. 활용형태의 제약과 의미 기능 ······························ 54
4. 요약 ·· 57

제4장 보조사의 사용 양상 ······● 60

   1. 도입 ·· 60
   2. 의미적 양상 ··· 64
      (1) 사전적 의미 64
      (2) 담화적 의미 71
   3. 개별 어휘의 사용 양상 ··· 74
      (1) 출현 환경 74
      (2) 어휘의 결합 관계 76
      (3) 기능적 양상 80
   4. 요약 ·· 83

2부 코퍼스 활용과 학습 사전 개발

제1장 학습 사전 개발의 전제 ·······● 89

   1. 도입 ·· 89
      (1) 학습 사전의 종류 90
      (1) 학습 사전의 특징 96
   2. 학습 사전 개발의 조건 ··· 105
      (1) 학습자 요구 105
      (2) 학습자 특징 108
   3. 어휘 학습과 사전 이용 ··· 111
      (1) 어휘 학습 111
      (2) 사전 이용 113
   4. 요약 ·· 119

제2장 코퍼스를 활용한 연어 정보 기술 ·······● 124

   1. 도입 ·· 124
   2. 연어 정보 기술의 필요성 ·· 125
   3. 코퍼스를 활용한 연어 선정 방법 ·································· 128
      (1) 어휘-문법의 통합 구성 131
      (2) 공기 관계의 긴밀도 136
   4. 사전에서의 연어 정보 기술 ·· 140
   5. 요약 ·· 147

3부 언어사용 원리에 입각한 한국어 교육의 방향

제1장 다언어환경에서의 한국어 교육 ·······• 153

  1. 도입 ·· 153
  2. 한국어 교육의 다언어환경 ······························· 155
    (1) 학습자의 다언어능력 156
    (2) 한국어 사용의 다언어환경 158
  3. 한국어의 역할 ·· 161
    (1) 언어사용의 기본 기능 162
    (2) 한국어의 역할 164
  4. 한국어 사용의 전망 ······································· 170
    (1) 사용의 전제 170
    (2) 한국어의 언어사용 영역 172
    (3) 언어사용을 위한 교육 방향 174
  5. 요약 ·· 176

제2장 교수법과 학습법의 상관관계 ·······• 181

  1. 도입 ·· 181
  2. 한국어 교육 목표와 학습자의 학습목적 ········· 182
  3. 언어경험접근법과 학습법 형성 ······················· 185
    (1) 언어경험접근법의 도입 필요성 185
    (2) 학습법의 형성 188
  4. 요약 ·· 193

찾아보기 ·······• 196

1부
코퍼스 활용과 어휘 문법 연구

제1장
코퍼스의 개념과 유형

1. 도입

코퍼스란(corpus) '언어 연구를 위해 텍스트를 컴퓨터가 읽을 수 있는 형태로 모아 놓은 언어 자료'로서 말뭉치란 용어로도 같이 쓰인다. 코퍼스가 구축되기 전에는 사람이 수작업으로 설문 조사를 하거나 교재, 소설, 신문, 잡지 등 출판된 지면 자료 또는 음성 녹음 자료를 이용하여 언어 연구를 진행하였다. 이러한 전통적인 자료 수집은 공간과 시간, 매체의 제한을 받게 되며, 연구자 개인의 연구 성향이나 내성적 기준의 영향을 받을 수 있으므로 미흡한 부분이 있기 마련이다. 이에 비하여 코퍼스는 실제 사용된 언어를 일정한 기준에 따라 집대성해 놓은 자료 창고로서 코퍼스에서 필요한 자료를 추출하여 언어 연구를 진행한다면 보다 실증적인 연구 결과를 낳게 될 것이다.

코퍼스가 구축되기 시작한 시기는 20세기 60년대로 보고 있다.

미국 Brown 대학이 100만 어절의 미국식 영어 문어자료를 수집해 놓은 BROWN 코퍼스가 있고, 20세기 70년대 영국의 학자에 의하여 영국식 영어 문어자료를 수집해 놓은 LOB(Lancaster-Os-lo-Bergen) 코퍼스 역시 100만 어절 규모의 초기 코퍼스이다. 그 당시 구어 코퍼스도 이미 구축되기 시작하였는데, 대표적인 구어 코퍼스로 20세기 70년대 후반에 Svartvik가 다량의 음성학 언어 정보를 모아놓은 London Lund Corpus(LLC)이다(Wolfgang Teubert ang Anna Čermáková, 2009, pp29.).

한국어 코퍼스는 1998년부터 2007년까지 추진해온 ≪21세기 세종계획≫의 말뭉치가 약 2억 어절의 규모를 갖추었으며, 연세언어연구원에서 구축한 말뭉치, 고려대학교 민족문화연구원에서 구축한 SJ-RIKS Corpus, KAIST Concordance Program 등이 있다.

2. 코퍼스의 유형

코퍼스는 구축 목적과 언어 유형, 소재 내원, 장르에 따라 다양하게 나누어 볼 수 있는데, 대체로 다음의 몇 가지로 유형화 할 수 있다.

첫째, 언어 소재에 따라 문어 코퍼스, 구어 코퍼스, 혼합 코퍼스 등으로 나눌 수 있다. 문어 코퍼스는 말 그대로 정식으로 출간된 문어 자료를 소재로 구성된 코퍼스로 BROWN이 대표적이며, 구어 코퍼스는 LLC(London Lund Corpus)처럼 구어 자료가 언어 소재로 활용된 것이다. 혼합 코퍼스는 문어 소재와 구이 소재를 같이 모아 놓은 자료로서 BNC(The British National Corpus) 영국국가 코퍼스와 COBUILD(Collins Birmingham University International Language Database)가 대표적이다. 한국어 코퍼스 중에는 21세기 세종 계획 말뭉치가 현대 문어 말뭉치와 구어 말뭉치를 나누어 설계하였으며, 중국어 말뭉치 중에는 중국사회과학원 언어센터(中国社会科学院语言所)에서 구축한 현대자연구어코퍼스(现代自然口语语料库)가 있으며, 북경어언문화대학(北京语言文化大学)에서 1992년에 구축한 당대북경구어코퍼스(当代北京口语语料库)가 구어 코퍼스에 속한다. 앞으로는 동영상 소재를 모아 놓은 동영상 코퍼스의 구축도 기대해 볼 만하다.

둘째, 언어 종류에 따라 단일어 코퍼스와 다 언어 코퍼스(또는 병열 코퍼스로 불림)로 나눌 수 있다. 단일어 코퍼스는 한 가지 언어로 구성된 코퍼스를 말하며, 이 언어 또는 그 이상의 언어로 구성된 다 언어 코퍼스는 원어 텍스트에 대응하는 기타 어종의 텍스트를 같이 수록해 놓은 것으로 번역이나 대조 언어학 연구에 활용될 수 있으리라 본다. 다 언어 코퍼스로는 영어와 프랑스어로 구성된 The Canadian Hansard Corpus, 노르웨이 오슬로 대학에서 구축한 영어와 노르웨이어로 된 The English-Norwegian Parallel Corpus, 영국 란카스터 대학에서 구축한 영어, 프랑스어, 스페인어 등 삼 언로 구성된 Multilingual Aligned Annotated Corpus가 있다(毛文伟, 2009, pp 20). 이 외 북경대학 중국언어학연구센터(中国语言学研

究中心)에서 영어와 중국어 이 언어로 구축한 CCL(Center fou Chinese Linguistics) PKU汉英双语语料库가 있다.

셋째, 언어 산출자에 따라 원어 코퍼스와 학습자 코퍼스로 나눌 수 있다. 원어 코퍼스는 다른 말로 참조 코퍼스라고도 불리는데, 한 언어의 원어민 집단이 산출한 표준 언어 자료로서, 여기에는 신문, 광고, 문학 작품, 잡지 등 다양한 언어 매체의 자료가 포함된다. 원어 코퍼스를 통해 한 언어의 실제 사용 규칙을 파악할 수 있는 반면에 학습자 코퍼스는 그 언어를 학습하는 과정에서 학습자들이 산출한 언어 자료로서 학습자가 범하는 오류 양상과 중간언어 (interlanguage) 규칙을 파악할 수 있는 자료로서 외국어 교수-학습에 적극 활용될 수 있을 것이다[1]. 한국어 원어 코퍼스를 살펴본다면, 국가 차원의 사업으로 구축된 21세기 세종 말뭉치와 이를 보완한 고려대학교 민족문화연구원에서 구축한 SJ-RIKS Corpus가 있으며, 연세대학교 언어정보연구원에서 개발한 말뭉치가 있으며, 한국어 학습자 말뭉치는 아직 공개 서비스를 제공하는 것을 찾아 볼 수 없다. 중국어 원어 말뭉치로는 북경대학 计算语言研究所에서 구축한 CCLPKU, 北京语言大学에서 구축한 5억 어절 규모의 코퍼

---

[1] 강현화(2011)에서는 코퍼스 활용 목적이나 용도에 따라 학습자 코퍼스, 준거 코퍼스, 참조 코퍼스 등 세 가지로 나누었다. 준거 코퍼스와 참조 코퍼스 모두 원어민이 산출한 표준 말뭉치이나 준거 코퍼스는 효율적인 한국어 교육을 위해 준거가 될 수 있는 모국어 화자의 코퍼스를 말하며, 참조 코퍼스란 교육과정에서 산출되는 코퍼스를 이르는데, 교재 코퍼스나 교삿말 코퍼스 등을 가리켜 좀 더 세밀한 분류를 보이고 있다.

스, 淸華大学에서 구축한 現代汉语语料库 등이 있으며, 중국어권 영어 학습자 코퍼스로는 2002년에 구축된 CLEC(Chinese Learner of English Corpus)가 100만 어절의 영어 문어자료를 모으고 수동으로 모든 오류 표기를 해 넣었으며, 2005년에 완성된 南京대학에서 구축한 200만 어절 규모의 SWECCL(Spoken and Written English Corpus of Chinese Learners)가 문어와 구어를 각각 절반씩 나누어 구축되었다.

넷째, 언어 소재의 시간성에 따라 공시적 코퍼스와 통시적 코퍼스로 나눌 수 있다. 코퍼스 자료가 모두 같은 연대의 언어자료로 이루어졌다면 공시적 코퍼스로 볼 수 있으며, 그렇지 않고 반세기 또는 한 세기에 가까운 시간을 거친 언어 자료로 이루어 졌다면 통시적 코퍼스로 봐야 할 것이다. 통시적 기간을 어느 정도로 길게 잡아야 하는지는 정해진 기준이 없다. 북경대학 CCL코퍼스를 보면 現代汉语(白话文)으로 된 자료와 古代汉语(文言文)으로 된 자료를 나누어 수록하여 보여주는데, 현대한어인 白话文이 청나라 말에 선도되어 1919년 5.4 운동을 계기로 본격적으로 보급되었다고 보면 거의 백년에 가까운 시간을 거친 언어 자료이다.

이 외에도 코퍼스는 인공적인 가공의 여부에 따라 원문 그대로의 내용으로 이루어진 원시 형태 코퍼스와 여러 가지 문법적 정보를 주석한 주석 코퍼스로 나눌 수 있다.

3. 코퍼스와 외국어 교육

(1) 코퍼스 기반의 외국어 교육

코퍼스를 활용한 언어 연구는 다량의 언어 자료를 규칙적인 기계의 기능을 빌려, 빠르게 도출해 낼 수 있는 효율성이 있다. 이는 전통적인 언어 연구가 설문조사나 소규모의 언어 자료를 이용하여 결과를 도출해 내는 데 있어서 시간적, 양적인 한계를 보였던 점을 보완해 줄 수 있다는 이점이 있다. 또한 코퍼스는 원어나 학습자의 언어사용을 그대로 재현하여 놓았다는 점에서 인위적이지 않은 자연스러운 언어 자료를 활용할 수 있으므로 목표어의 사용을 익혀야 하는 외국어 교육에 적극적으로 활용되고 있다.

코퍼스를 기반으로 한 외국어 교육은 우선 어휘 교수 요강과 어휘 중심 교육을 들 수 있다. 20세기 6, 70년대에 영어 코퍼스 구축이 이루어지면서 80년대부터 영어 교육에서 어휘 빈도와 어휘 중심 교육에 관한 연구 결과물이 나오기 시작하였는데, 그 대표적인 연구로 1988년 John Sinclair 와 Antoinette Renouf 가 "A Lexical Syllabus for Language Learning"의 제목으로 논문을 발표하였으며, 이후 1990년에 Dave Willis가 "The Lexical Syllabus: A new Approach to the Language Teaching" 제목으로 출간한 책에서 어휘 교수 요강 및 어휘 중심 교육에 대한 논의를 하였다(梁茂成等, 2010). 또한 코퍼스를 활용한 영어 교재 및 사전 개발이 속속 이어져 근래에 만들어진 사전들은 코퍼스를 기반으로 하지 않은 사전이 거의 없을 정도이다.

영어 학습자의 코퍼스 구축은 20세기 90년대에 들어서 이루어졌는데, 1000만 어절의 규모의 LLC(Longman Learners' Corpus)와 1600만 어절 규모의 CLC(Cambridge Learner Corpus)가 만들어졌으며, 학문목적 학습자의 코퍼스인 ICLE(International Corpus of Learner English)가 300만 어절 규모로, LINDSEI(Louvain International Database of Spoken English)와 MELD(Montclair Electronic Language Database)가 각각 10만 어절 규모로 구축되었다(潘璠, 2012, pp4).

다른 한편으로 학습자 코퍼스의 구축은 학습자의 언어 발달 양상을 고찰하고, 특정 언어권 학습자의 오류 양상을 분석하여 대안을 마련하는 데 중요한 언어자료가 된다. 최근 영어 학습자 코퍼스를 기반으로 한 연구저서와 연구 논문이 발표되고 있으며, 학습자 코퍼스를 주제로 한 국제 학술회의가 활발하게 진행되고 있다(潘璠, 2012, pp6~7).

(2) 한국어 코퍼스의 구축 현황

한국어로 구축된 코퍼스는 주로 구축 목적에 따라 범용 코퍼스와 학습자용 코퍼스, 학습자 코퍼스로 다시 나눌 수 있다. 21세기 세종 말뭉치, 연세언어연구원에서 구축한 말뭉치, 고려대학교 민족문화연구원에서 구축한 SJ-RIKS Corpus 등을 범용 말뭉치로 볼 수 있으며, 외국인을 위한 한국어 학습자 사전을 만들기 위하여 한국어를 교육하는 모든 장면에서 사용하는 언어자료를 수집하거나 한국어 교재를 수집해서 구축한 말뭉치는 학습자용 말뭉치가 된다고 하겠다. 학습자 코퍼스는 한국어 학습과정에서 외국인 학생들이 자주 범하는 오류들을 조사하려는 목적으로 학습자가 사용하는 언어 자료를 수집하여 데이터베이스화한 오류 코퍼스를 말한다.

1) ≪21세기 세종계획≫말뭉치

≪21세기 세종 계획≫은 국가적인 차원에서 언어 정보 문화의 기본 바탕과 자원을 확충하기 위한 <국어 정보화 중장기 발전 계획>의 일환으로 문화관광부가 국립국어원 및 관련 학계와 더불어 1998년부터 추진해온 사업이다.

이 사업의 중요한 내용 중 하나가 한국어의 총체적 현실을 반영할 수 있는 대규모의 국가 말뭉치를 구축하여 학계, 교육계, 업계 등에 보급하는 것이다. 2007년 사업의 결과로 형태분석 750만 어절, 형태의미분석 750만 어절, 구문분석 80만 어절의 분석 규모를 가진 말뭉치가 구축되었으며, 현대 한국어 말뭉치(문어 말뭉치, 구어 말뭉치), 역사 자료 말뭉치, 병렬 말뭉치(한영, 한일)로 분류되어 보급 활용되고 있다(http://www.sejong.or.kr/).

또한 세종 말뭉치를 다양한 용도로 활용할 수 있는 '꼬꼬마' (http://www.korean.go.kr/sejong)를 웹상에서 이용할 수 있는데, '꼬꼬마'는 다음과 같이 구성되어 있다.

'꼬꼬마' 구성:
- 말뭉치 검색
- 한글 학습
- BiVis
- 분석기
- Open API

세종 말뭉치 검색은 회원가입을 통한 회원이 이용 가능하다.

2) SJ-RIKS Corpus

SJ-RIKS Corpus(Sejong-Research Institute of Korean Studies)는 21세기 세종계획에 의해 구축된 <세종형태의미 분석 코퍼스>를 수정, 보완한 코퍼스로서 최초 구축 당시보다 약 250만 어절이 추가되어 약 1500만 어절에 달하는 대규모의 분석 코퍼스이다. 2009년 10월부터 SJ-RIKS의 수정 보완 작업을 시작하여 약 8개월에 걸쳐 이루어졌다. 이 코퍼스는 당초 세종계획의 형태-의미 분석 지침을 기반으로 하되, 일부 표지와 분석 방법에 수정을 가하였다. 특히 접두사와 어근 표지를 모두 제거하였고 접미사도 분석 대상 목록을 대폭 축소하였는데, 이를 통해 어휘 차원의 정보를 보다 쉽게 추출할 수 있을 뿐 아니라 분석 오류도 상당 부분 개선할 수 있었다(http://db.koreanstudies.re.kr/sjriks/).

SJ-RIKS 코퍼스를 구성하는 텍스트는 전체 446개 파일로서 정확한 어절 수는 14,496,204어절에 이른다. 고려대학교 민족문화연구원에서는 1500만 어절 전체에 대한 용례 검색 서비스를 하고 있으며, 다양한 장르의 텍스트들이 포함되어 있고 형태, 의미적 중의성을 최대한 정확하게 분석해 놓았다.

SJ-RIKS Corpus는 일반에 서비스를 공개하고 있어 누구나 이용이 가능하다.

3) '물결 21'코퍼스

'물결 21'코퍼스는 고려대학교 민족문화연구원 전자인문학팀에서 약 5년여에 걸쳐 구축한 것으로 신문으로만 구성되어 있다는 점에서 매우 독특한 성격을 가진다. '물결 21' 코퍼스는 2000년부터 12년치 기사를 모두 포함하여 전체적인 규모가 5억 어절을 상회한 것으로 소개되며, 규모면에서 국내외에서 가장 크다고 한다. 또한 현재에도 2012년 기사를 분석, 처리하고 있고 향후에도 지속적으로 자원을 확충해 나가는 동적 코퍼스의 구성을 띤다.

4) 연세언어연구원 말뭉치

연세언어연구원은 「연세한국어사전」의 개발을 위하여 1960년대 이후의 한국어 자료를 모아 총 4413만 어절의 말뭉치를 구축하였다. 연세 말뭉치는 공개 서비스를 진행하지 않고 있다.

이 외에 한국어 학습자 말뭉치 구축을 위한 개발 사업이 진행되고 있으나 지금까지 공개 서비스를 진행하는 것은 아직 접하지 못하고 있다.

4. 요약

　코퍼스 접근은 코퍼스 구축과 코퍼스 응용이라는 두 가지 측면에서 가능하다. 코퍼스 구축은 구축 목적에 따라 규모와 소재를 선정하며, 구성과 내용을 설계하게 될 텐데, 코퍼스를 구축하기 위해서는 코퍼스 구축의 기본 원칙, 언어 분석 도구, 데이터 코드와 같은 관련 지식과 도구 마련이 있어야 할 것이다. 한국어 교육에서 언어권별 학습자의 언어사용 자료를 수집하여 다양한 학습자 코퍼스를 구축한다면 학습자의 중간언어 발달 양상과 오류 패턴을 읽을 수 있으므로 효율적인 교수-학습법 연구에 필요한 자료가 될 것이다.

　코퍼스 활용은 언어에 대한 연구와 언어 교육에 대한 연구에 모두 활용이 가능하다. 특히 외국어 교육에서 어휘 빈도 조사, 어휘 중심 교육에서 코퍼스를 활용하고 있으며 개별 어휘나 문법의 특징을 코퍼스 자료 분석을 통하여 찾아 볼 수 있을 것이다. 그러나 코퍼스의 규모가 클수록 방대한 텍스트를 대상으로 필요한 정보를 추출해야 하므로 연구자의 부담이 커지게 되며 이는 코퍼스 접근을 저해하는 요인으로 작용하기도 한다. 코퍼스가 언어 교육 연구에 보다 쉽게 활용되기 위해서는 구축된 언어자원에 형태 정보를 주석하고 용례 검색, 공기어 검색 등을 수행할 수 있는 도구 마련 또한 필요하며, 학습자 코퍼스를 포함한 다양한 특징의 코퍼스 구축이 코퍼스 활용을 활성화 시킬 것으로 본다.

| 참고 문헌 |

강현화(2012), "코퍼스와 한국어 문법 교육", 국어교육연구 제30집, 서울대학교 국어교육연구소, pp. 227~253.

김일환 외(2013), 물결 21 코퍼스의 구축과 활용(문화동역학라이브러리 11), 소명출판.

홍종선 외(2009), 국어사전학 개론, 제이앤씨.

Wolfgang Teubert ang Anna Čermáková(2009), Corpus Linguistics: A Short Introduction, 王海华导读, 世界图书出版公司。

梁茂成 李文中 许家金(2010), 语料库应用教程, 外语教学与研究出版社。

毛文伟(2009), 日语语料库研究的理论与实践, 上海外语教育出版社。

潘璠(2012), 基于语料库的语言研究与教学应用, 中国社会科学出版社。

张继东 赵晓临(2012), 基于语料库的英语语言特征研究, 上海交通大学出版社。

제 2 장
유의어의 사용 양상

1. 도입

　코퍼스는 언어 연구를 위해 다양하게 활용되고 있다. 한국어 교육 연구에서도 어휘 빈도 조사를 통한 기본어휘 선정이나 학습용 사전의 표제어 선정이 코퍼스에 기반을 두고 이루어지고 있다. 그러나 실제 교수-학습법에 적용하거나 교실 수업에의 활용은 아직 미약하다. 그 이유는 강현화(2012)에서 지적하였듯이 코퍼스를 다루는 연구자들이 언어교육자가 아닌 경우가 많았으므로 교육에의 적용을 고려하지 않은 코퍼스 설계나 구성이 한 가지 원인이 될 수 있으며, 다른 일면으로는 언어 교사들이 코퍼스에 대한 인식 부족으로 코퍼스 접근이 적었기 때문일 것이다.
　코퍼스의 풍부한 용례를 통하여 한국어의 어휘 양상을 살피고 개별 어휘의 사용 특징을 귀납한다면 어휘 교수-학습에 적극적인 영향을 주기 마련이다. 특히 한국어 어휘 중에 유의 관계를 이루는 어휘소가 많아 학습자가 이들을 구별하여 사용하는 것에는 상당한 난이도가 있다. 코퍼스는 다량의 자연 언어 자료를 모아놓은 것으로 한국어 모어 화자가 어떻게 이들을 구별하여 사용하는지, 그 양상을 고찰하여 교육에 운용하는 방법의 모색을 가능하게 한다.

한국어에 '하룻강아지 범 무서운 줄 모른다'는 속담은 철없이 함부로 덤비는 경우를 비유적으로 이르는 말이다. 또 '호랑이 굴에 가야 호랑이 새끼를 잡는다(범의 굴에 들어가야 범의 새끼를 잡는다)'는 속담은 뜻하는 성과를 얻으려면 그에 마땅한 일을 해야 함을 비유적으로 이르는 말이다. 코퍼스가 무엇인지도 모르면서 무모하게 한국어 교육에 적용하려는 시도를 하는 것 을 범 모르는 하룻강아지에 비유할 수 있다면, '코퍼스'라는 굴에 가야 코퍼스를 활용하는 방법을 찾아낼 수 있을 것이라는 생각에 어울리는 속담이 된다.

위에서 인용한 속담 중에 '범'과 '호랑이'는 뜻이 서로 비슷한(같은) 유의어에 속한다. 유의어는 어휘소들이 형식 부문인 기호를 제외한 나머지 부문들이 같거나 혹은 유사함으로 말미암아 유의관계(synonymy)라는 의미관계를 형성하게 됨을 말한다(김광해 1993-200). 한국어 모어 화자라면 위의 속담에서처럼 '범'과 '호랑이'를 적절하게 구별하여 사용하나 외국인일 경우에는 유의어를 어떻게 변별하여 사용해야 할지와 같은 난제에 부딪치게 된다. 한국어에는 유의관계를 이루는 어휘소들이 대단히 많으며, TOPIK과 같은 한국어능력시험에서 유의어를 변별하는 출제 유형들이 자주 나타난다. 외국인 학습자들에게 유의어 의미를 변별하여 사용하게 하기 위해서는 이들의 의미 차이를 명시적으로 설명해야 하며, 효율적인 교수-학습법을 구안하여야 한다. 김광해(2000)에서 지적하였듯이 그동안 유의어 의미차이를 상세히 구별해 놓은 사전이 없고, 유의어 의미에 대한 체계적인 연구가 완전히 이루어지지 않은 것은 의미를 구별해내는 작업이 까다롭기도 하거니와, 그 양이 워낙 많아서 연구가 쉽지 않기 때문이다.

지금까지 유의어 의미를 변별하기 위하여 적용된 전통적인 접근 방법으로는 의미의 성분분석방법이 있다. 의미의 성분분석의 원리는 음소를 몇 개의 변별자질(distinctive feature)로 분해하는 방식과 동일하다(임지룡, 1992:56). 예컨대, 유의 관계에 있는 '틈-겨를'을 성분분석의 방법으로 기술한다면, '틈'은 [+사이], [+공간], [+시간]이라는 의미성분을 지니지만, '겨를'은 [+사이], [-공간], [+시간]의 의미성분을 지니므로 [공간]이라는 의미성분에서 [+공간]과 [-공간]으로 변별된다고 하겠다. 그런데, 이러한 의미의 성분분석 방법으로 '범'과 '호랑이'를 변별하는 데는 미흡한 부분이 있다. 왜냐하면 '범'과 '호랑이'는 동일한 지시물을 가리키는 상이한 소리 형태로서 의미의 성분으로는 변별이 불가능하다. 이 두 어휘소는 모두 [+동물]이며 암수의 구별이나 외양의 구별이 없는 하나의 지시물에 속한다. 어원으로 보면 '범'은 고유어에 속하고, '호랑이'는 한자어 '虎狼'에 고유어 접미사-이'가 결합된 형태이지만, 이러한 어원적 차이가 구체적 사용에서의 차이를 설명하기는 어렵다. 코퍼스를 활용하여 두 어휘소의 사용 양상을 분석하는 것은 기존의 성분분석이 유의어의 의미 변별에 기어한 반면에 실제 사용 양상을 체계적으로 보여주지 못했던 부분을 보완하는 방법으로 학습자가 유의어를 변별 사용하는 데 필요한 정보가 될 것이다.

2. 개별 어휘의 사용 양상

(1) 어휘 빈도 조사 결과

코퍼스를 활용하여 어휘의 특징을 분석함에 있어서 우선 적용할 수 있는 방법이 어휘 빈도 조사이다. 한국어 교육의 관점에서 접근하더라도 빈도 조사 결과는 교육단계에 알맞은 어휘를 선정하고 학습자의 수준에 맞게 어휘 교수 요강을 만드는 기초 자료가 된다. 또한 학습자를 위한 학습사전의 표제어를 선정하는 근거가 된다. 비교적 큰 규모의 빈도 조사로는 조남호(2003) 「한국어 학습용 어휘 선정 결과 보고서」가 있으며, 김한샘(2005)의 「현대 국어 사용 빈도 조사 2」와 강범모·김흥규(2009)의 「한국어 사용 빈도」가 있다. 조남호(2003)은 150만 어절 규모의 빈도 조사 결과를 토대로 5,965개의 외국인을 위한 한국어 학습용 어휘를 선정하였으며, 김한샘(2005)는 총300만 어휘 분석 말뭉치를 토대로 국어 교육용 어휘의 선정을 위한 자모, 음절, 일반, 조사, 어미, 어절 구성, 구, 어휘 범주, 활용형, 규범 오류형 등의 빈도를 조사하였다. 이외, 한국어 교육 자료와 현대 한국어 사용 빈도 조사를 토대로 사전의 표제어를 수록한 「외국인을 위한 한국어 학습 사전」(서상규 외, 2006)과 「한국어 교육을 위한 한국어 연어 사전」(김하수 외, 2007) 등이 코퍼스 기반의 결과물이라고 하겠다.

　빈도 조사 결과는 어휘에 대한 연구에서 다양하게 활용될 수 있는데, 가령 유의어의 관계를 양적으로 파악한다면 유의 관계에 있는 어휘소의 사용 특징을 설명하는 데 필요한 정보가 된다. 조남호(2003)에서 선정한 한국어 학습용 어휘 5,965개 중 '범'은 포함되지 않았으며, '호랑이'는 학습 단계 A, B, C 3단계에서 B급에 나타난다. 이러한 결과는 학습의 1~3단계에서는 '범'을 가르치지 않아도 무방하다고 볼 수 있지만, '범'과 '호랑이'는 한국어 전래동화와 같은 이야기에 자주 등장하는 어휘로 한국 문화 이해를 위한 읽기 소재를 다룰 때에는 두 어휘소에 대한 설명이 불가피하다. 「표준국어대사전」에 실린 속담 중 '범'으로 시작된 속담은 62개, '호랑이'로 시작된 속담은 44개로서 속담에서 '범'의 출현빈도가 '호랑이'보다 높게 나타났다. 이러한 속담은 예로부터 민간에 전하여 내려오는 관습표현으로서 '범'과 '호랑이'를 서로 대체하여 '하룻강아지 호랑이 무서운 줄 모른다'라고 사용한다면 의미 전달에는 문제가 없을지 모르지만 한국어 화자들의 표현 관습과는 어긋나는 경우가 된다.

　한 어휘소가 다른 어휘소에 비해 사용 빈도가 높다는 것은 그만큼 더 광범위한 사용 범위를 가진다는 추정을 할 수 있다. 현재 일반에 검색 서비스를 공개하고 있는 SJ-RIKS Corpus의 용례에서 나타나는 두 어휘소의 출현 숫자를 알아보기 위하여 형태소 단위로 두 어휘소를 각각 검색해 보면 '범'의 출현 숫자는 76개, '호랑이'의 출현 숫자는 820개로 '호랑이'가 '범'보다 출현 빈도가 10배 이상이 된다. 이처럼 실제 언어생활에서는 '호랑이'가 더 많이 사용되었으며, 속담에서는 '범'의 빈도가 더 높게 나타났다.

(2) 어휘의 결합 관계

유의어의 의미 차이를 좀 더 세밀하게 분석하기 위해서는 한 문장 안에서 단어와 단어 간의 결합 관계를 분석할 필요가 있다. 어휘의 결합 관계는 문장 안에서 단어와 단어가 의미적으로 호응하여 문법적 결합 형태로 나타난다고 볼 수 있는데, 즉 한 단어가 어떤 단어와는 자주 어울려 쓰이고 또 어떤 단어와는 그렇지 못한 경향을 보인다면, 이러한 공기 관계를 통해 해당 단어의 의미적 특징을 분석할 수 있다는 것이다. 두 개 이상의 단어가 결합하여 습관적으로 쓰는 말을 연어 표현 또는 관용 표현의 범위에서 다루기도 하는데[2], 코퍼스를 활용하여 단어 간의 결합 관계를 분석하기 위해서는 특별히 어떤 용어를 설정하기보다 자연 언어에 나타나는 관용적 언어 현상으로 보고 표면적인 형태를 유형화하고, 결합 규칙을 찾는 것에 의미를 두므로 어휘의 결합 형태로 쓰고자 한다.

코퍼스에서 어휘의 결합 형태(관용 표현)의 추출법은 인접성에 의하여 핵심어의 좌우 2~3어절 정도의 검색 공간(span)을, 핵심어를 포함한 문장 단위로 검색할 수 있으며, 핵심어와의 문법적인 관계를 이루는 단어들이 핵심어에 대해서 연어가 될 수 있는 후보가

---

[2] 관용 표현의 개념에 대해서는 문금현(1999), 민현식(2003), 이동혁(2007)이 있다.

된다. 가령 어떠한 동사를 핵심어로 볼때, 그 동사를 포함한 문장 안에서 동사를 서술어로 보고 주어 위치에 오는 명사, 그 동사 서술어의 목적어나 보어, 그리고 그 동사의 수식어 등이 동사 핵심어에 대한 연어가 될 수 있는 후보 단어들이다. 그리고 어떠한 명사를 핵심어로 삼는다면, 한 문장 안에서 그 명사를 주어로 삼는 동사 서술어, 그 명사를 목적어나 보어로 삼는 동사 서술어, 그 명사의 수식어 등이 명사 핵심어에 대한 연어가 될 수 있다(이동혁, 2007:61)는 것이다.

유의어 '범'과 '호랑이'는 명사에 속하며, 이들 유의어를 핵심어로 결합 관계를 설정하다면 '명사+서술어', '목적어+서술어', '보어+서술어', '수식어+명사'의 구조로 검색 가능하다. 이러한 설정에 따라 SJ-RIKS Corpus에서 두 어휘소의 결합 관계를 추출하여 비교하여 보면 다음과 같다.

[표 1] '범'과 '호랑이'가 보이는 문법적 결합 관계

문법 관계	'범'	'호랑이'
주어+서술어	범이 ~ 범이 나오다 범이 되다 범이 오다 범이 우글거리다	호랑이가 ~ 호랑이가 나오다 호랑이가 되다 호랑이가 나타나다 호랑이가 오다
목적어+서술어	범을 ~ 범을 만나다 범을 잡다	호랑이를 ~ 호랑이를 만나다 호랑이를 잡다

보어+서술어	범에게 ~ 범에게 물려가다 범에게 잡히다	호랑이에게 ~ 호랑이에게 물려가다 호랑이에게 잡히다
수식어+피수식어	사나운 범	굶주린 호랑이 난폭한 호랑이 무서운 호랑이 사나운 호랑이 커다란 호랑이

　[표 1]에서는 문법적 표지를 통해 '주어+서술어', '목적어+서술어', '보어+서술어', '수식어+피수식어'의 구성을 이루는 결합 형태를 보인 것인데, 두 어휘소 모두 동일한 서술어 앞에 나타났으며, '수식어+피수식어' 구조에서는 '호랑이'가 '범'에 비해 더 다양한 수식어 뒤에 나타났다. 그러나 '호랑이'가 나타난 자리에 '범'을 교체하여 '굶주린 범, 난폭한 범, 무서운 범, 커다란 범'을 사용하여도 무리가 없을 것으로 판단된다.
　다음으로 문법적 표지가 없이 명사와 명사가 연결되어 나타나는 <명사+명사>의 결합 형태를 통해서도 핵심어의 의미를 분석할 수 있다. 아래의 [표 2]는 '범'과 '호랑이'가 각각 뒤에 오는 명사와 연결되어 하나의 의미 단위를 보이는 예시들이다.

[표 2] '명사+명사'의 결합 형태

	범	호랑이
핵심어+명사		호랑이 꼬리 호랑이 굴 호랑이 눈
핵심어+명사	범 새끼	호랑이 등 호랑이 무늬 호랑이 발자국 호랑이 발톱 호랑이 사냥 호랑이 새끼 호랑이 조련사

위의 [표 2] '명사+명사'의 구성에서도 '호랑이'가 '범'보다 더 많은 단어와 결합 형태를 보이고 있는데, '호랑이' 대신 '범'을 사용하여 '범 꼬리, 범 눈, 범 무늬…' 등과 같이 사용한다고 해도 불가하다고 판정할 수 없다.

[표 1]과 [표 2]에서 제시한 결합 형태3) 정보는 '호랑이'가 '범'에 비해 더 다양한 단어와 결합하는 양상을 보임을 알 수 있는데, 이는

---

3) 코퍼스에서 연어(collocate)를 구하기 위한 방법으로 z-점수(z-score), t점수(t-score), 상호정보값을 구하여 값의 크기에 따라 판정할 수 있는 통계적 방법론이 있다(이동혁 2007-52~60). 여기에서는 한 결합 형태가 고정된 연어인지 아닌지를 판별하기보다 핵심어가 자주 어울려 쓰이는 언어 사용 양상을 고찰하기 위한 것으로 출현 빈도 10% 이상의 결합 형태를 선정한 것이다.

이들의 빈도 차이가 설명해 주듯이 '호랑이'의 사용 빈도가 높기 때문에 자연스럽게 나타나는 현상으로 이해된다.

(3) 시대적 환경

　코퍼스를 활용하여 어휘 특징을 분석함에 있어서 참고할 수 있는 또 하나의 정보는 어휘가 사용된 사회적 배경이다. 코퍼스는 언어 소재의 시간성에 따라 통시적 코퍼스와 공시적 코퍼스로 분류할 수 있는데, 공시적 코퍼스를 통하여 일정한 연대의 언어사용 양상을 고찰할 수 있다면, 통시적 코퍼스를 통하여 언어의 역사적인 변화와 발전 추세를 짚어볼 수 있다. 통시적 기간을 어느 정도로 길게 잡느냐는 사회 변천에 따라 달라질 수 있으리라 본다. 또한 동일한 연대라 하더라도 급변하는 사회적 환경의 영향으로 신조어나 외래어가 새롭게 등장할 수 있으며, 어휘 사용에서도 변화된 양상을 보이는 경우가 있으므로 여기에서는 여전히 SJ-RIKS Corpus를 대상으로 '범'과 '호랑이'의 사회적 배경을 분석할 것이다.

　위에서 살펴본 바와 같이 '범'과 '호랑이'는 같은 내용에 대한 상이한 음성 형태로서 사용 빈도에서 차이를 보이는 것 외에 어휘의 결합 형태를 통해서는 본질적인 의미 차이를 발견할 수가 없었다. 아래에서는 두 어휘소가 사용된 사회적 배경을 살펴 볼 것이다. 어휘 사용의 사회적 배경으로 어느 시대에 어떻게 사용되는지를 알아보기 위해서는 코퍼스에 제시된 언어 자료의 출전 정보를 통하여 어휘가 사용된 구체적 시간, 매체 등 배경 정보를 파악할 수 있다.

다음은 코퍼스에서 검색한 '범'과 '호랑이'의 자료 출전을 비교한 도표이다.

[표 3] '범'과 '호랑이'의 출현 용례 출전 자료

	'범'과 관련된 용례 출전 자료		'호랑이'와 관련된 용례 출전 자료	
1)	『月刊 中央』, 서울: 중앙일보사.	1977	『뉴스피플(1993/07/01~1993/09/03)』, 서울: 경향신문사.	1993
2)	김춘복, 『계절풍』, 서울: 한길사.	1978	김영현, 『해남 가는 길』, 서울: 솔.	1991
3)	강경애, 『인간문제』, 서울: 창작과 비평사.	1934	『수필공원 94 봄』, 서울: 한샘출판사.	1994
4)	정한숙, 『고가 한국 단편문학 대계 9권』, 서울: 삼성출판사.	1969	『좋은생각 1999년 12월호』, 서울: 좋은 생각.	1999
5)	황석영, 『어둠의 자식들』, 서울: 현암사.	1980	『월간중앙 7월호』, 서울: 중앙일보 J&P.	2000
6)	김주영, 『객주5』, 서울: 창작과비평사	1982	은희경, 『마이너리그』, : 창작과 비평사.	2001
7)	이문열, 『영웅시대1』, 서울: 민음사.	1984	김성희, 『33세의 팡세』, 서울: 문학사상사.	2002
8)	김현희, 『이제 여자가 되고 싶어요 2』, 서울: 고려원.	1991	방현석, 『랍스터를 먹는 시간』, 서울: ㈜창비	2003
9)	정용선, 『한국의 사상』, 서울: 한샘출판사.	1994	이명훈, 『꼭두의 사랑』, 서울: ㈜문학사상.	2004

| 10) | 이어령,『신화 속의 한국정신』, 서울: 문학사상사. | 2003 | 이규태,『CD-ROM으로 보는 이규태 코너(과학/식물)』, 서울: 솔빛 미디어 | 1983 ~ 1993 |

[표 3]은 '범'과 '호랑이'의 출전 자료 중 일부를 시간별로 모아 놓은 내용이다. 위의 내용들을 보면, '범'이 출현한 자료들은 20세기 70년대에서 80년대에 출간된 자료들이 대부분이고, '호랑이'가 출현한 자료들은 20세기 90년대에서 시작하여 그 이후에 출간된 자료들이 대부분이다. '범'이 출현한 자료 중에 8)~10)은 20세기 90년대에 출간된 자료들도 있는데, 이때의 출판물에 출현한 '범'이 사용된 예시를 보이면 다음과 같다.

(1) ㄱ. '옛말에 범은 죽어서 가죽을 남기고 사람은 죽어서 이름을 남긴다는데…'(김현희,『이제 여자가 되고 싶어요 2』, 서울: 고려원, 1991
ㄴ. '그러나 범은 어려움을 참지 못하고 굴 밖으로 나가 버려 사람의 몸이 되지 못했다.'(정용선,『한국의 사상』, 서울: 한샘출판사, 1994.

20세기 90년대에 출간된 자료에 나타난 '범'의 사용은 예문 (1)에 제시한 내용과 같이 속담을 인용하였거나 옛날이야기를 다룬 내용들이다. 이에 비해 '호랑이'의 용례를 보면 현재의 언어생활에서 사용된 내용들이 대부분이다.

(2) ㄱ. '몇 년 전 텔레비전 프로그램 중에 뱅갈산 호랑이를 길들여
서 공연을 하는 유명한 동물 서커스 쇼가 생방송으로 방영
되었을 때의 일이다.' (『좋은생각 1999년 12월호』, 1999.)
ㄴ. '지난 4월 김대통령은 권고문을 민주당 상임고문으로 임
명해 때맞춰 호랑이에게 날개를 달아 주는 조치를 취했다.'
(『월간중앙 7월호』, 2000)

위와 같은 자료 출전의 비교를 통해 '범'은 옛날이야기를 할 때나 속담 인용에 사용되는 어휘로 20세기 60~80년대에 더 많이 사용되었고 '호랑이'는 90년대 후에 더 많이 사용되고 있음을 알 수 있다.

코퍼스에서 용례 출처인 출전 자료를 통해 두 어휘소의 사용 연대를 비교해 볼 수 있었는데, 사용 연대의 차이는 유의어 관계 어휘의 사용 특징을 설명하는 데 참조적 정보로 제시 가능하다. 이는 코퍼스 정보를 활용하여 전에 드러나지 않았던 어휘의 사용 특징을 실증적으로 보여주므로, 이러한 접근방법은 한국어 교수-학습에서 생생하고 실천적인 교육 방법이 되리라 짐작한다.

3. 요약

한국어에는 유의관계를 이루는 어휘소들이 대단히 많으며, TOPIK과 같은 한국어능력시험에서 유의어를 변별하는 출제 유형들이 자주 나타난다. 외국인 학습자들에게 유의어 의미를 변별하여 사용하게 하기 위해서는 이들의 의미 차이를 명시적으로 설명해야

하며, 효율적인 교수-학습법을 구안하여야 한다. 지금까지 유의어 의미를 변별하기 위하여 적용된 전통적인 접근방법으로는 의미의 성분분석방법이 있었다. 그러나 의미의 성분분석만으로 유의어의 의미 변별이 뚜렷하지 않거나 이들의 사용의 차이에 대한 설명이 명확하지 않을 경우, 학습자들은 혼돈에 빠지게 되며, 어휘 능력 신장에 영향을 받게 된다.

이 장에서는 코퍼스에서 나타나는 개별 어휘소인 '범'과 '호랑이'의 사용 양상을 빈도 조사, 어휘 결합 관계, 시대적 배경을 통해 분석하였다. 이러한 분석은 유의관계를 이루는 어휘소의 특성을 분석함에 있어 적용할 수 하나의 방법이 될 수 있으며, 나아가 한국어 교육적 접근법으로 코퍼스를 활용할 수 있는 방법이 될 것이다.

한국어 유의어의 특징을 분석함에 있어서 적용할 수 있는 방법으로는 첫째, 어휘 빈도 조사 결과를 이용하여 유의어 관계를 이루는 두 어휘소가 사용 빈도에서 어떠한 차이를 보이는지를 분석할 수 있으며; 둘째, 코퍼스에서 핵심어를 중심으로 결합 관계에 놓인 선-후행 어휘의 결합 형태를 추출하여 의미적 특징을 구체적으로 분석할 수 있다. 셋째, 코퍼스의 출전 자료를 통해 어휘가 사용된 시대적 배경을 분석할 수 있다. 이러한 방법은 어휘의 의미적 특징뿐만 아니라 사용적 특징을 실증적 자료를 통하여 보여주므로 보다 쉽고 효율적인 어휘 교수-학습법에 적용을 가능하게 한다.

| 참고 문헌 |

강범모·김흥규(2009), 한국어 사용 빈도, 한국문화사.
김광해(1993), 국어 어휘론 개설, 집문당.
_____(2000), 비슷한 말 반대말 사전, 도서출판 낱말.
김한샘(2005), 현대 국어 사용 빈도 조사 2, 국립국어원연구원 보고서.
문금현(1999), 국어의 관용 표현 연구, 태학사.
민현식(2003), "관용 표현의 범위와 유형에 대한 재고", 한국어 의미학 12, 17~50.
심재기 외(2011), 국어 어휘론 개설, 지식과 교양.
이광호(2004), 국어 어휘 의미론, 월인.
이동혁(2007), 한국어 관용 표현의 정보화와 전산처리, 도처출판 역락.
임지룡(1992), 국어 의미론, 탑출판사.
조남호(2003), 한국어 학습용 어휘 선정 결과 보고서, 국립국어연구원.
_____(2005), 한국어 학습자용 말뭉치의 구축과 활용, 태학사.

제 3 장
준말의 사용 양상

1. 도입

현대 언어생활에서 자연스럽게 발생하는 언어 현상 중의 하나로 준말의 생성이 있다. 준말은 경제성과 효율성의 측면에서 종래 쓰이던 말이 음운이나 음절이 줄어들면서 형성된다. 한국어 모어 화자라면 준말을 쉽게 이해하고 본말과 준말을 직관적으로 사용하나 외국인 학습자라면 본말과 준말을 선택적으로 사용하는 데에 부담을 느낄 수밖에 없다. 그 이유는 준말이 본말에 의하여 생성된 것이긴 하나, 어떤 경우에 서로 교체 가능하고 또 어떤 경우에 문맥적으로 선택 사용해야 하는지와 같은 사용 규칙을 익혀야 하기 때문이다. 현재 사전이나 교재에서 제시하는 정보로는 준말에 대응하는 본말을 명시하는 정도이고, 준말의 용법과 관련된 정보는 거의 찾아보기 힘들며, 교실 수업에서도 체계적으로 다루지 못하고 있다. 따라서 한국어 준말이 어떻게 사용되는지 그 양상을 살펴 준말의 사용 규칙을 찾아 제시할 필요성이 있다. 이 장에서는 코퍼스 자료를 활용하여 '가지-'의 준말 '갖-'을 중심으로4) 이들의 사용 양상을 비교 분석하고, '갖-'이 드러내는 특징을 찾는 것에 주안점을 둔다.

준말은 그 사용범위가 넓고 언어생활에서 차지하는 비중이 점차 늘어나고 있는데, 이에 대비하여 국가 정책 사업으로 1994년에 「현대 국어의 약어 목록」이 발간되었으며, 이후 신문과 잡지, 방송, 단행본, 구어 자료 등을 활용하여 모은 자료를 확충한 「현대 국어의 준말 목록」이 2003년에 발간되었다. 그동안 언어학적 관점에서 준말의 형성과정에서 일어나는 음운 형태적인 특징과 통사 의미적인 변화에 초점을 맞춘 연구가 활발하게 진행되었는데, 선행연구 목록을 정리하여 제시하자면 다음과 같다.

・・

강임성(1985), "국어 준말의 결합 및 구조적 양상에 대한 연구", 수련어문논집 12, 수련어문학회; 김광진(2008), 「준말 지도 방법에

---

4) '가지-'와 '갖-'을 각각 본말과 준말 관계에 있는 독자적인 어간으로 설정하고 있는 관점이(송철의, 1993) 있는가 하면, '갖-'이 독자적인 어간으로서의 지위를 갖는 것이 아니라 용언의 활용형이 형성되는 과정에서 나타나는 것으로서 용언의 활용형들 사이에 본말과 준말의 관계가 성립한다는 주장도(송홍규, 2011) 있다. 본고에서는 한국어 교육에서 외국인 학습자를 대상으로 하는 준말 교육을 전제로 하므로 사전에 표제어로 등록된 본말이 있는 표현을 준말의 범위로 인정하고, 용언의 어간인 '가지-'와 '갖-'의 관계를 준말과 본말의 관계로 보는 입장을 취한다.

대한 연구」 부산교육대 교육대학원 석사논문; 김동언(1996), "국어 준말의 음운론적 고찰", 「국어학신연구」, 탑출판사; 도원영·김의수·김숙정(2006), "'본말/준말'류에 대한 재고", 한국어학 37, 한국어학회; 송철의(1993), "준말에 대한 형태·의미론적 고찰", 동양학 23, 단국대학교 동양학 연구소; 우민섭(1974), "약어의 한 고찰", 중앙대 어문논집 9, 중앙대학교 국어국문학과; 유소영(2010), 「준말의 의미변화의 양상에 대한 연구」, 단국대학교 석사논문; 이재현(2009), 「현대국어의 축소 어형에 관한 연구: 말뭉치 분석을 통한 사용 양상을 중심으로」, 연세대 박사논문; 이지양(1998), 「국어의 융합 현상」, 태학사; 이희자(1997), "'준말'과 '준 꼴'과 '줄인 꼴'", 사전편찬학연구 7, 한국문화사; 정근용(1998), 「현대 국어의 약어 연구」, 한국교원대학교, 석사논문; 정희창(2004), 「국어 준말의 연구」, 성균관대학교 박사논문; 최수민(2008), 「준말의 사회언어학적 고찰」, 단국대학교 석사논문.

●●

준말에 대한 논의는 연구자에 따라 줄임 표현, 약어, 축소 어형, 융합 등 다양한 용어로 다루어졌으며, 그 개념을 어떻게 설정하는가에 따라 포괄하는 유형이 다양하게 설정된다. 선행연구에서 논의된 준말의 특징을 정리하자면, 첫째; 형태적 측면에서 준말은 본말과 형태적 유사성을 가지지만, 음운적 형태적 삭감이 일어나 본말보다 짧은 형식을 취하는 단어나 구가 되며, 둘째; 의미적 측면에서 준말은 본말의 통사구조와 의미를 그대로 유지하는 유형과 상황적 의미와 통사적 구조에 변화를 입어 본말의 의미와 차이를 보이는 유형이 있다는 것이다.

위에서 정리한 선행 연구 중에서 코퍼스를 활용하여 준말의 사용 양상을 논의한 연구로는 이재현 (2009)와 남길임·송재영(2007)이 있다. 이재현(2009)에서는 국어에서 축소어형이 얼마나 사용되고 있는가를 살펴보기 위해 연구 말뭉치를 설계하고 이를 실제로 구축하는 방대한 작업을 진행하였다. 이 논문에서는 먼저, 기존의 축소어형 관련 목록들을 통합·정리하여 <말뭉치용 축소어형 목록> 8,306개를 선정한 후, <목록>에 수록된 어휘를 말뭉치에 넣고 그 출현 어휘수와 빈도를 조사하였다. 그 결과 구술전사 말뭉치에서 축소어형이 가장 적게 사용되고, 신문 말뭉치에서 축소어형의 사용이 가장 두드러짐을 도출하였다. 이러한 결과는 실제 모어 화자들이 준말을 어떻게 선택하여 사용하느냐 하는 사용 경향을 분석해 놓았다기보다 지금까지 간행된 축소어형 또는 '준말' 목록이 문어 자료에 의존하여 만들어졌음을 확인한 것이라고 할 수 있다.

남길임·송재영(2007)에서는 문어 말뭉치(학술 논문, 편지)와 구어 말뭉치(뉴스, 일상 대화)를 활용하여 '(X)+하다'의 '하여'형과 '해'형의 사용 양상을 텍스트 장르와 어휘 내적 구조에 따라 분석하였다. 그 결과 문어보다는 구어에서, 공적인 영역보다는 사적인 영역에서 준말로의 축약현상이 빈번하게 일어난다고 밝혔으며, '하다'와 결합하는 선행 요소에는 '해'형의 사용 빈도가 가장 높고, 후행요소로는 '하다'의 종결형, 보조적 연결형, 연결형일 때의 순

서로 축약빈도가 높다고 밝혔다. 이 연구의 방법론은 더 다양한 텍스트 장르와 더 큰 규모의 말뭉치를 대상으로 다른 품사 범주의 준말, 본말의 사용을 살펴보는 것에 적용할 수 있다는 데 의의가 있을 것이다.

준말에 대한 언어학적 연구에 비해 교육학적 접근은 아직 미약한 것으로 다음과 같은 연구 결과가 있다.

・・

강혜림(2011),「한국어 학습자의 구어 능력 향상을 위한 준말 연구」, 동아대 석사논문;「준말 지도 방법에 대한 연구」부산교육대 교육대학원 석사논문; 우가민(2012),「한국어 준말에 대한 교육연구」, 명지대 석사논문; 조옥이(2008),「외국인 학습자를 위한 한국어 줄임 표현 연구」, 배재대 석사논문; 최은경(2011),「한국어 교육을 위한 준말 종결형식 연구 」, 동국대 석사논문; 최정인 (1996년), "초등학교에서의 준말 지도 방법", 초등국어교육 7, 서울교육대학교; 허재영(2007), "한국어 교육에서의 준말과 생략 표현의 교재화 방안", 경북대학교 중등교육연구 Vol. 55 No.1.

・・

교육학적 관점에서 진행된 연구는 다시 내국인을 대상으로 한 연구와 외국인 학습자를 위한 연구로 나누어 볼 수 있는데, 최근에는 외국인을 위한 한국어 교육학적 연구가 점차 활발해지면서 준말에 대한 교수-학습법에 대한 다양한 접근을 보여주고 있다. 이 중 우가민(2012)와 조옥이(2008)에서는 한국어 교재에 나타나는 준말에 대하여 유형을 분류하고 출현 빈도에 따라 교육용 준말 목록을 제시했다는 데 의의가 있을 것으로 보인다.

2. 개별 어휘의 사용 양상

(1) 의미적 양상

외국인을 위한 한국어 교육에서는 사용 빈도가 높고 사전에 등재된 준말을 교육 목록으로 선정해야 하는데, 준말의 목록을 선정함에 있어서 조옥이(2008)을 참조할 수 있다. 이 논문에서는 11개의 한국어 교육 기관에서 발행한 교재 분석과 현대 국어의 사용 빈도 조사 2에서 나온 준말 목록을 기반으로 외국인 학습자를 위한 준말 교육 목록 110개를 선정하였다. 이 중에 본말 '가지다'에 대응하는 준말의 형태를 '갖게', '갖다', '갖지' 등 세 가지 활용형으로 제시하였는데, 본고에서는 이 세 가지 활용형태가 모두 어간 '갖-'의 활용형이며, 어간 '갖-'이 본말 '가지-'의 준말 형태라는 관점을 수용한다. 그리하여 '가지-'와 '갖-' 두 어휘소를 중심으로 의미적 양상과 사용적 양상을 살펴볼 것이다.

준말이 본말에서 생성된 것이긴 하나 형성과정에서 본말의 의미를 그대로 유지하는 유형도 있고 본말의 의미를 축소하거나 확대하는 유형도 있다(유소영, 2010). 준말 '갖다'의 의미를 파악하기 위해 우선「표준국어대사전」에서 풀이한 의미를 '가지다'와 비교하여 살펴보면 다음과 같다.

[표 1] '가지다'와 '갖다'의 뜻풀이

'가지다'	'갖다'
[Ⅰ]「동사」	[Ⅰ]「동사」
[1]【…을】	[1]【…을】「1」
「1」손이나 몸 따위에 있게 하다.	'가지다[Ⅰ][1]「1」'의 준말.
「2」자기 것으로 하다.	「2」'가지다[Ⅰ][1]「2」'의 준말.
「3」직업, 자격증 따위를 소유하다.	「3」'가지다[Ⅰ][1]「3」'의 준말.
「4」(('모임'을 나타내는 말과 함께 쓰여)) 모임을 치르다.	「4」(('모임'을 나타내는 말과 함께 쓰여)) '가지다[Ⅰ][1]「4」'의 준말.
「5」아이나 새끼, 알을 배 속에 지니다.	「5」'가지다[Ⅰ][1]「5」'의 준말.
「6」거느리거나 모시거나 두다.	「6」'가지다[Ⅰ][1]「6」'의 준말.
「7」(('가지고' 꼴로 쓰여)) 앞에 오는 말이 수단이나 방법이 됨을 강조하여 나타낸다.	「7」(('갖고' 꼴로 쓰여))'가지다[Ⅰ][1]「7」'의 준말.
「8」(('가지고' 꼴로 쓰여))앞에 오는 말이 대상이 됨을 강조하여 나타낸다.	「8」(('갖고' 꼴로 쓰여)) '가지다[Ⅰ][1]「8」'의 준말.
[2]【…에/에게 …을】생각, 태도, 사상 따위를 마음에 품다.	[2]【…에/에게 …을】'가지다[Ⅰ][2]'의 준말.
[3]【(…과) …을】(('…과'가 나타나지 않을 때는 여럿임을 뜻하는 말이 주어로 온다))(('관련'을 뜻하는 말과 함께 쓰여))관계를 맺다.	[3]【(…과) …을】(('…과'가 나타나지 않을 때는 여럿임을 뜻하는 말이 주어로 온다)) '가지다[Ⅰ][3]'의 준말.

[Ⅱ] 「보조동사」 ((동사나 형용사 뒤에서 '-어 가지고' 구성으로 쓰여)) 앞말이 뜻하는 행동의 결과나 상태가 그대로 유지되거나, 또는 그럼으로써 뒷말의 행동이나 상태가 유발되거나 가능하게 됨을 나타내는 말.	[Ⅱ] 「보조동사」 ((동사나 형용사 뒤에서 '-어 갖고' 구성으로 쓰여)) '가지다[Ⅱ]'의 준말.

「표준 국어대사전」에서의 뜻풀이를 보면 본말 '가지-'는 동사일 경우 [1][2][3]의 의미를 나타내며, 또한 '-어 가지고'형으로 보조동사의 기능을 한다. 준말 '갖-' 역시 본말의 품사적 특징과 의미를 그대로 유지하여 동사일 경우 '가지-'의 [1][2][3]의 의미와 '-어 갖고'형으로 보조동사의 기능을 하는 것으로 설명되었다. 이러한 사전에서의 뜻풀이는 '갖-'과 '가지-'는 의미적 차이가 없으며, '갖-'은 '가지-'의 의미를 그대로 유지하는 것으로 이해할 수 있다.

사전에서의 의미 기술을 토대로 코퍼스에서 '갖-'의 사용을 검토해 보기로 한다. 코퍼스를 활용하는 방법으로 관련 말뭉치를 구축하거나 여러 장르의 말뭉치를 모아 이용할 수도 있지만, 한국어 교육에서는 모어 화자들이 준말을 어떻게 사용하는지를 살펴 준말의 사용 규칙을 설명하고 사용 정보를 명시적으로 제시하는 것이 중요하므로 이미 구축되어 있는 범용 말뭉치를 활용하는 것이 객관적인 자료 분석이 된다고 하겠다. 여기에서는 고려대학교 민족문화연구원에서 구축한 SJ-RIKS Corpus를 활용 대상으로 삼았다. SJ-RIKS Corpus는 약 1500만 어절의 규모를 가진 범용 코퍼스로 한국어의 준말 사용 양상을 분석하는 데 충분한 객관적 자료를 제공한다. 또한 누구나 쉽게 이용할 수 있도록 공개 서비스를 진행하고 있으며, 검색 기능면에서 형태소와 어절 단위를 나누어 검색할 수 있고 '완전 일치', '전방 일치', '후방 일치'의 세 가지 검색 방법을 지원하고 있어 어휘의 형태적 분석과 핵심어를 중심으로 선, 후행 어휘의 출현을 살필 수 있다는 장점이 있다.

[표 2] 코퍼스 용례를 통해 본 '갖-'의 의미

의미	용례
[Ⅰ]「동사」[1]【…을】	
「1」	미군들이 숙소에 대마초를 갖고 놀러왔을 때 처음 한번, 그리고 …
「2」	책이 너무 예뻐 갖고 싶은 생각이 들 때가 많다.
「3」	그는 '전국교직원노동조합 서울시지부 관악동작지회 남성초등학교 분회장'이라는 꽤나 긴 직함을 갖고 있다.
「4」	매월 한차례씩 경기도의 교사들과 수업사례 교환모임도 갖는다.
「5」	젊은 커플들이 아이 갖기를 싫어해 출산율이 떨어지고
「6」	제 나이도 있고, 가정도 갖고 있으니 신중하게 판단해서 앞으로 무얼 할지를 결정할 생각입니다.
「7」	실상 그건 손재주만 갖고 되는 노릇이 아니라 눈썰미와 상대방에 대한 관심이 있어야 되거들랑요.
「8」	민간 부문도 근로자와 사용자가 한가롭게 분배 문제를 갖고 싸울 수 있는 상황이 아닙니다.

[2]	요즘 그는 작은 꿈을 갖고 있다.
[3]	건강에 대한 관심과 에너지를 이제 의약에서 스포츠로 전환하는 것은 삶의 질과 밀접한 관련을 갖는 과제이다.
[Ⅱ] 「보조동사」	A사장은 12일 퇴근무렵 휴대폰에서 이메일을 보고 부인에게 줄 선물을 사갖고 일찍 귀가할 수 있었다.

    코퍼스 용례를 통해 본 준말 '갖-'의 의미는 본말 '가지-'의 사전적 설명에서 나타난 [1][2][3] 의 의미를 모두 유지하는 것으로 보인다. 즉, 「1」의 '…대마초를 갖고'는 몸에 대마초를 지니다는 의미를, 「2」의 '…갖고 싶은 생각 …'은 자기 것으로 하고 싶다는 의미를, 「3」 '…직함을 갖고 있다'는 직함을 소유하다는 의미를, 「4」의 '…교환모임도 갖는다'는 모임을 치르다는 의미를, 「5」의 '…아이 갖기를 싫어해…'는 아이를 배 속에 지니다는 의미를, 「6」의 '…가정도 갖고 있으니…'는 식구를 거느리다는 의미를, 「7」의 '…손재주만 갖고 …'는 손재주가 수단이나 방법이 됨을, 「8」의 '…분배 문제를 갖고 싸울 수 있는…'은 분배 문제가 대상이 됨을 나타낸다. 그리고 [2]의 '…꿈을 갖고…'는 꿈을 마음에 품다는 의미로, [3]의 '…삶의 질과 밀접한 관련을 갖는…'은 관계를 맺다는 의미로, [Ⅱ]의 '…선물을 사 갖고…'는 '-어 갖고'의 형태로 선물을 산 상태가 유지됨을 나타낸다. 따라서 사전에서의 풀이대로 준말 '갖다'는 본말 '가지다'와 동등한 의미를 가지는 것으로 판단된다. 그러나 의미적으로 동등한 두 어휘소가 실제 쓰임에서도 아무런 구별 없이 교체 가능한지는 이들의 분포적 양상을 통하여 확인할 수 있을 것이다.

(2) 출현 빈도 및 분포적 양상

2.1에서 말뭉치 용례를 통해 '갖-'의 의미를 살펴 본 결과 본말 '가지-'의 의미를 그대로 유지하는 것으로 나타났다. 아래에서는 두 형태소의 분포적 양상을 살펴 실제 쓰임을 분석하고자 한다.

코퍼스에서 '갖-'과 '가지-'의 형태를 '어절 단위', '전방일치' 방법으로 검색하여 1차적으로 활용 형태별 출현 숫자를 확인할 수 있다.

[표 3] '갖-'과 '가지-'의 활용 형태 추출 과정

'갖-' 형태 추출	'가지-' 형태 추출
CLAUSE	CLAUSE
갖	가지각색으로
갖가지	가지각색의
갖가지구나,	가지각색이
갖가지다.	가지각색이다.
갖가지로	가지각색이었다.
갖가지를	가지각색이었습니다.
갖가지였다.	가지각색이었지만,
갖가지였음을	가지간디,
갖가지의	가지같이
갖가지이고,	가지거나
갖가지이다.	가지거나,
갖가지인	가지거니
갖가지일	*가지게*
갖갖	가지게는
갖갖의	가지게도
갖거나	가지겠나?

갖거나,	가지겠나?"
갖게	가지겠다고
갖게까지	가지겠다는
갖게끔	가지겠다는군요. "
갖게는	**가지고**
갖게도	가지고(knower),
갖게됐고	가지고)로써
갖게됐다는	가지고,
갖게되는	가지고, "네까놈
갖게되면	가지고-
갖게되었고	가지고.
갖게되었다.	가지고. "
갖게된	가지고. >
갖게된다"고	가지고…

[표 3]은 '갖-'과 '가지-'로 시작하는 형태의 출현 숫자를 확인하기 위하여 말뭉치에서 어절단위, 전방일치 방법으로 '갖-', '가지-'의 형태를 검색하여 나타난 결과를 일부 보인 것이다. 위의 표에서 제시된 것처럼 검색 결과에는 '갖-'과 '가지-'의 형태만 추출되는 것이 아니라 모든 동형이의어 어절이 검색되므로 이 중에서 선정하고자 하는 형태를 수작업을 통해 정리해야 한다. 즉, 위의 제시된 보기에서 '갖다'와 '가지다'의 활용형태로는 '갖게', '가지게'와 '가지고'만 선정하면 된다는 것이다. 이러한 방법으로 이들의 활용 형태를 모두 추출하여 그 출현 숫자와 함께 제시하여 보이면 다음의 [표 4]와 같이 정리할 수 있다.

[표 4] '갖-'과 '가지-'의 활용 형태별 출현 숫자

	형태	출현 숫자	출현 숫자 비교	
			갖다	가지다
1)	갖게	1207	>	
	가지게	344		
2)	갖고	4614		<
	가지고	6541		
3)	갖기	172	>	
	가지기	40		
4)	갖는	1481	>	
	가지는	399		
5)		0	0	
	가진	3937		
6)	갖는다	582	>	
	가진다	175		
7)	갖다	580	>	
	가져다	465		
8)	갖도록	134	>	
	가지도록	22		
9)		0	0	
	가지러	55		
10)		0	0	
	가지며	39		
11)		0	0	
	가지면	66		
12)		0	0	
	가져	308		
13)		0	0	
	가졌다	391		
14)	갖지	576	>	
	가지지	188		

[표 4]에 나타난 활용형태 중에서 4) '가지는'은 동음이의어 형태가5) 포함되어 있으므로 다시 수작업을 통해 '가지다'의 활용형을 선별하여 그 출현 숫자를 399로 뽑은 것이다.

이러한 추출 과정을 거쳐 통계된 출현 숫자를 비교해 보면 '갖고'를 제외한 나머지 형태에서 2) '갖고'가 '가지고'보다 모두 높게 나타났으며, 표의 5), 9), 10) 11), 12), 13)에서는 '갖-' 활용형이 나타나지 않았다. 즉, '갖-' 형태소는 '-게, -고, -기, -는, -지, -도록'과 같은 자음으로 시작된 어미와 연결되어 '갖게, 갖고, 갖기, 갖는, 갖다, 갖지, 갖도록'과 같은 활용형으로 나타났으며, '-았-, -으러, -아, -으며, -으면, -(으)ㄴ' 등 받침의 유무에 따라 매개모음이 들어가는 어미가 나타날 경우, 활용형 자리가 비어 있었다. 이는 '갖-' 어간이 변화를 입지 않기 위하여 자음 어미와의 활용으로 사용되지만, 모음 어미와의 활용형에서는 어간 '갖-'이 변화를 입게 되므로 그것을 허용하지 않는 것으로 판단할 수 있다. 따라서 '가졌다, 가져, 가지러, 가지며, 가지면, 가진'에 대응하는 '갖-'의 활용형은 나타나지 않아 결국 본말 '가지-'와는 다른 분포를 보임을 알 수 있다.

---

5) 코퍼스 자료에서 '가지는'의 형태에는 명사와 조사의 결합형인 '가지+는', 의존 명사 '한 가지는', 동사 '가다'의 활용형에 보조사가 결합한 '가지는' 등 형태도 포함되어 있으므로 '가지-'의 활용형태를 선별하기 위해서는 세심한 수작업을 거쳐야 한다.

3. 활용형태의 제약과 의미 기능

준말 '갖-'은 '가지-'에서 모음 'ㅣ'가 탈락되어 어간의 음절이 '가지-'에서 '갖-'으로 변화를 입은 형태로서 자음으로 시작되는 어미와의 활용은 형성되나 매개모음이 들어간 어미와의 활용은 형성되지 않는 제약을 보였다. 이는 '갖다'가 어간의 형태성을 보존하여 본말 어간과의 형태적 동형성을 유지하려는 경향으로 볼 수 있으나, '갖-'의 이러한 활용 제약은 의미 기능에 영향을 주기 마련이다. 이와 관련하여 동사의 종결형 어미를 예로 들어 구체적으로 설명하기로 한다.

학교문법에 따라 종결형을 '평서형, 감탄형, 의문형, 명령형, 청유형' 등 5개 유형으로 나누어 '갖-'의 활용 양상을 예문으로 보이자면 다음과 같다.

(1) ㄱ. 일주일에 한 번씩 모임을 가진다. / 갖는다. (평서형)
ㄴ. 일주일에 한 번씩 모임을 가지는구나. / 갖는구나. (감탄형)
ㄷ. 일주일에 한 번씩 모임을 가지느냐. / 갖느냐. (의문형)
ㄹ. 일주일에 한 번씩 모임을 가져라. / 갖아라. * (명령형)
ㅁ. 일주일에 한 번씩 모임을 가지자. / 갖자. (청유형)

위의 예문 중 ㄹ. 명령형 문장에서는 어간 '갖-'이 모음어미의 활용이 형성되지 못하므로 비문으로 처리해야 한다. 그런데, 종결어미는 문장의 끝에 위치하여 문체법외에 존비법을 표시하므로 위의 (1)에서처럼 '갖-'이 명령형을 제외한 기타 종결형에 쓰인다고 하나 존비법의 규칙을 지키면서 사용하는지를 살펴보아야 할 것이다. 아래에서는 한국어 교육에서 자주 등장하는 '해라체', '합쇼체', '요-결락형', '요-통합형' 등 4개 등급의 사용을 살펴보기로 한다6).

(2) ㄱ. 일주일에 한 번씩 모임을 가진다. / 갖는다.
ㄴ. 일주일에 한 번씩 모임을 가집니다. / 갖습니다.
ㄷ. 일주일에 한 번씩 모임을 가져요. / 갖아요*.
ㄹ. 일주일에 한 번씩 모임을 가져. / 갖아*.

예문 (2)에서 '해라'체와 '합쇼'체에서는 '가지다'와 '갖다'의 활용이 모두 허용되나, '요-통합형'과 '요-결락형'인 ㄷ. 과 ㄹ. 에서는 '갖-'의 활용이 형성되지 않는다. 결국 '갖-'이 실제 종결형으로 사용되는 경우는 명령형을 제외한 '해라체'와 '합쇼체' 형태가 되며, 언어생활에서 상당한 비중을 차지하는 반말체와 '요-통합형'에는 사용되지 않는다는 것이다.

이처럼 '갖-'활용형의 제약은 의미 기능의 제약으로 이어지는데, 이는 '어미는 어간에 결합하여 여러 가지 문법적인 의미 기능을 더해주는 요소'로서 어미가 형태상으로는 단어에 결합하지만 의미 기능상으로는 단어 이상의 단위에 결합하기(고영근·구본관, 2011:

---

6) 학교문법에서의 존비 등급은 보통 '해라체', '하게체', '하오체', '합쇼체' 4원적 체계를 이루지만, '하게체', '하오체'보다는 '요-결락형'인 반말체와 '요'가 붙어 높임을 나타내는 '요-통합형'이 현재 언어생활에서 압도적으로 사용되고 있으므로 여기에서는 '해라체', '합쇼체', '요-결락형', '요-통합형' 등 4개 등급의 예문만 제시한다.

167) 때문이라는 특징으로 설명할 수 있다. 말하자면 어간 '갖-'이 뒤에 선어말어미 '-았-'과 활용형을 이루지 못한다면 과거 시제를 나타내는 의미 기능을 상실하는 것이며, 관형어 어미 '-을'과 활용형을 형성하지 못한다면 미래추측을 나타내는 기능을 상실하게 된다는 것이다.

(3) ㄱ. 일주일에 한 번씩 모임을 가지더군요. / 갖더군요.
ㄴ. 일주일에 한 번씩 모임을 가지겠어요. / 갖겠어요.
ㄷ. 일주일에 한 번씩 모임을 가졌어요. / 갖았어요*.
ㄹ. 일주일에 한 번씩 모임을 가질 거예요. / 갖을 거예요*.

(3)의 예문에서처럼 '갖-'이 ㄱ. 의 '-더-'와 ㄴ. 의 '-겠-'과 활용이 형성되어 회상과 미래 시제를 나타내는 데는 문제가 없지만 ㄷ. 의 '-았-'과 ㄹ. 의 '-을-'과는 활용이 이루어지지 않으므로 과거시제나 미래 추측과 같은 기능은 수행할 수 없다는 것을 보여준다. 따라서 '갖-'은 본말과 의미가 동일하고 형식적인 관련성은 있지만, 활용형에서 제약이 따르므로 실제 사용에서 본말과의 교체가 자유롭지 못함을 알 수 있다.

4. 요약

한국어 준말은 언어사용의 경제성과 효율성 측면에서 생성되고 있으며, 현대 한국어 어휘에서 차지하는 비중이 점차 늘어나고 있는 추세이다. 따라서 한국어 교육에서 준말에 관한 문제를 체계적, 심층적으로 다루어야 할 필요성이 대두된다. 이를 위해서는 우선 모국어 화자들이 준말을 어떻게 사용하는지를 파악하여 준말의 사용 규칙을 명시적으로 제시하는 것이 필요하다. 이러한 맥락에서 본고는 한국어 범용 코퍼스를 대상으로 한국어 교재에 자주 나타나는 준말 '갖-'의 사용 양상을 살펴보았으며, 그 특징을 본말 '가지-'와 비교 분석하였다.

'갖-'은 본말 '가지-'에서 모음 'ㅣ'가 탈락되어 음절 축소를 입은 형태로서 본말의 사전적 의미는 그대로 유지하나 활용형에서 분포적 차이를 보여주었다. 즉, '갖-'은 자음으로 시작하는 어미와 활용형을 형성하지만, 모음으로 나타나는 어미와의 활용형에서는 빈자리를 보였다. 이러한 활용 제약은 '갖-'이 본말 '가지-'가 수행하는 일부분의 의미 기능을 그대로 수행하지 못하는 제약 조건으로 작용한다. 본고에서는 종결형어미와 선어말어미와의 활용형을 예로 들어 '갖-'의 사용 제약을 설명하였다.

이상의 논의를 통해 '갖-'과 '가지-'는 의미적으로 동일하고 형태적으로 비슷하지만 서로 다른 활용 양상을 보임을 진단하였으며, 한국어 교육에서 준말의 활용 정보를 명시적으로 제시하는 것이 학습의 정확성을 기하는 방법이 될 것으로 생각된다. 그러나 준말에 관한 적절한 교수-학습법을 구안하기 위해서는 더 다양한 품사 범주와 더 많은 준말에 대한 구체적 연구가 체계적으로 진행되어야 할 것이다.

| 참고 문헌 |

고영근·구본관(2011), 「우리말 문법론」, 집문당.

김광진(2008), 「준말 지도 방법에 대한 연구」 부산교육대 교육대학원 석사논문.

김희진(2003), 「현대 국어의 준말 목록」, 국립국어원.

남길임·송재영(2007), "'(X)+하다' 활용 형태의 축약 현상 연구: 말뭉치 용례를 중심으로", 한글 제278호 pp. 5~30, 한글학회.

송홍규(2011), "준말에서의 어미 결합 제약에 대하여", 한어문교육 Vol. 24 pp. 553~579, 한국언어문학교육학회.

우가민(2012), 한국어 준말에 대한 교육 연구, 명지대학교 석사논문.

유소영(2010), 「준말의 의미변화의 양상에 대한 연구」, 단국대학교 석사논문.

이재현(2005), "현대 국어의 축소 어형에 관한 연구: 축소어형과 준말의 정의, 축소어형의 조어법을 중심으로", 한민족문화연구 제17집, 한민족 문화학회.

이지양(2003), "국어 준말의 성격", 「성심어문논집」 Vol. 25, pp. 285~316.

정희창(2003), "준말의 형성 조건", 「현대 국어의 준말 목록」 pp. 17~43, 국립국어원.

조옥이(2008), 「외국인 학습자를 위한 한국어 줄임 표현 연구: 유형 분류와 교육 목록 선정을 중심으로」, 배재대 석사논문.

허재영(2007), "한국어 교육에서의 준말과 생략의 교재화 방안에 대한 연구", 「중등교육연구」 Vol. 55 No. 1 pp. 251~273.

제4장
보조사의 사용 양상

1. 도입

　한국어 교육에서 문법 교육은 규칙에 맞게 한국어를 운용하도록 가르치는 것이다. 한국어는 첨가어로서 문법적인 기능을 가진 요소가 단어 또는 어간에 차례로 결합하여 문법적인 역할을 나타낸다. 따라서 한국어에는 어떤 문법 요소가 있으며, 이들 문법 요소의 기능은 무엇인지를 문법교육에서 다루게 되는데, 교육 현장에서 문법교육은 대개 문법 요소에 대한 의미적, 통사적 기능을 설명하고, 대표적인 예문을 제시하여 학습자의 이해를 돕는 것으로 이루어진다. 그런데 복잡한 특징을 지닌 문법 요소거나 비슷한 기능을 지닌 요소가 여럿 될 경우, 간략한 설명으로 그 기능과 의미 차이를 충분히 설명하기에는 부족하며, 반면 문법 설명을 일일이 할 경우에는 설명에 대한 이해에 어려움을 느낄 뿐만 아니라 자칫 학습 의욕을 상실하게 할 수도 있다. 가령, 문법적 설명을 토대로 더 다양한 용례와 실제 사용 양상을 통해 의미적 특징을 귀납하여 제시한다면 문법 설명에 대한 이해를 높일 수 있을 것이며, 실제 사용으로의 연결이 보다 쉬울 것이다. 이러한 맥락에서 한국어 보조사 중에 비슷한 의미 기능을 가지는 '까지', '마저', '조차'의 차이점을 보다 뚜렷이 보여주기 위해 이들의 사용 양상을 살펴 의미적 특징을 분석하는 것이 이 장에서의 논의가 된다.

한국어의 문법 요소 중에 조사는 문장에서 다른 말에 붙어 문법적 관계를 표시하거나 앞말의 뜻을 도와주는 기능을 한다. 격조사는 '체언이나 체언 구실을 하는 말 뒤에 붙어 앞말이 다른 말에 대하여 갖는 일정한 자격을 나타내'며, 보조사는 '체언, 부사, 활용 어미 따위에 붙어서 어떤 특별한 의미를 더해' 주는 기능을 한다. 즉, 격조사는 문장에서 앞말의 자격을 나타내는 문법적 기능을 수행하나, 보조사는 단지 앞말에 의미를 보태주는 의미적 기능을 수행하는 특수 조사이다. '까지', '마저', '조차'는 보조사 또는 특수 조사라는 용어로 사용되고 있으나 여기에서는 사전에서 제시된 용어를 따라 보조사 개념을 따르기로 한다.

한국어 보조사 '까지', '마저', '조차'에 대한 연구는 많은 학자에 의하여 다양하게 연구되어 왔으며 지금까지 지속되고 있다.

· ·

고영근(1989), "특수 조사의 구조적 특징과 의미분석의 문제", 「국어형태론 연구」(증보판)pp. 126-140, 서울대학교 출판부; 권영

춘(1988), 「국어조사 {도}, {까지}, {조차}, {마저}의 의미 분석」, 서울대학교 석사논문; 나은영(1997), "{까지}, {조차}, {마저}의 의미 구조 분석", 한국어학 6집, 한국어학회; 도은희(2011), 특수조사 '조차', '까지', '마저'의 의미 정보, 단국대 석사논문; 박명옥(2009), 보조사 '-도, -까지, -마저, -조차'에 대한 고찰, 수원대 석사논문; 박신정(2001), 「우리말 도움토씨의 의미기능 연구 : -는 -도 -만 -까지 -조차 -마저를 중심으로」, 인제대 석사논문; 박치원(1994), 한국어 특수조사의 분석 : '만, 뿐' 그리고 '도, 조차, 마저, 까지', 화용론 논집. 제2집 pp. 47-60, 언어정보연구원; 성광수(1979), 「국어 조사의 연구」, 형설출판사; 신윤희(2005), 「보조사 {조차}, {까지}, {마저}에 대한 통시적 연구」, 서울대 석사논문; 성기철(1997), "보조조사 '-까지, -조차, -마저'의 의미 특징", 한국어 교육. 제8집 pp. 49~72, 국제한국어 교육학회; 송기진(1996), 「특수조사 {도}, {-까지}, {조차}, {마저}의 기능 고찰: 중학교 국어 교과서에 나타난 용례를 중심으로」, 수원대 석사논문; 이미옥(1995), 「특수조사의 기능분석: {는, 도, 만/까지, 조차, 마저}를 중심으로」, 홍익대 석사논문; 이소정(2011), 특수 조사의 통사와 의미 연구: '-까지', '-마저', '-조차'를 중심으로, 한양대 석사논문; 이익섭·임홍빈(1983), 「국어문법론」, 학연사; 주향아(2012), 보조사 '까지, 마저, 조차' 연구, 연세대 석사논문; 채완(1977), "현대 국어의 특수 조사 연구", 국어연구 39, 국어연회; 최규련 (2001), 국어 척도 첨가 초점사의 의미 분석 : '심지어/까지/마저/조차'를 중심으로 , 한국어학. 통권 제14호 pp. 359~377, 한국어학회; 허웅(1983), 「국어학」, 샘문화사;

홍사만(2002), 「국어 특수조사 신연구」, 역락.

∙ ∙

　보조사 '까지', '마저', '조차'에 대한 선행연구는 폭넓게 이루어졌는데, 학자에 따라 다양한 용어로 그 의미적 특징을 규명하고 있다. 이 세 보조사에 대한 연구는 어휘적 차원에서 의미적 공통점과 차이점을 밝히는 것에 초점을 두고 진행되었으며, 고영근(1989), 박신정(2001), 도은희(2011)등 담화적 차원에서의 논의도 찾아볼 수 있다. 선행연구에서 규명된 이들의 의미적 특징을 모아보면 '까지'의 의미적 특징으로 '미침, 한계, 한도, 종결' 등이 있으며, '마저'의 의미적 특징으로는 '미침, 더함, 추가, 마지막 대상, 예상 밖', '조차'의 의미적 특징으로는 '미침, 최종, 마지막, 기대하는 일' 등이 있다.
　한국어 교육학적 관점에서 이들 보조사에 대한 연구는 학습자 모국어와의 대조 분석이나 한국어 교재에서 제시된 순서, 방법에 대한 고찰을 통해 교수-학습 방안을 논의한 것이 대부분이다.

∙ ∙

　김정(1998) 보조사「까지」,「조차」,「마저」의 한·일 대조연구 : 효율적인 한국어 교육을 위하여, 고려대 석사논문; 신보라(2012), 한국어 보조사에 대한 교수 방안: '도', '까지', '마저', '조차'를 중심으로, 동덕여대 석사논문; 임삼미(2009), 「한국어 교육을 위한 '보조사'연구: {도}, {까지}, {조차}, {마저}를 중심으로」, 서울여대 석사 논문; 장미영(2012), 한국어 초급교재의 조사 설명 방식에 대하여, 순천대 석사논문; 정정덕(2010), "중국인 학습자의 한국어 조사 교수 학습 방법: 중국어 표현과의 대응을 중심으로", 문법교육 12권 1호 pp. 343-397, 한국문법교육학회; 조양(2012), 「한국어 보조사에 대한 교수 방안: '도', '까지', '마저', '조차'를 중심으로」, 중앙대학교 석사논문.

　　　　　　　　　　　∴

　　보조사 '까지', '마저', '조차'는 대체로 '포함'과 의미상 관련이 있지만, 형태적 의미적 차이를 가지고 있어 다양한 접근법으로 그 의미적 차이를 규명하는 것이 선행연구의 결과라고 할 수 있는데, 담화차원에서 언급된 논의와 말뭉치를 활용한 연구는 상대적으로 미약하게 이루어진 것으로 보인다. 이에 본고에서는 말뭉치와 담화적 차원에서 이루어진 선행논의를 바탕으로 세 보조사의 의미적 특징을 살펴볼 것이다.

2. 의미적 양상

(1) 사전적 의미

　　보조사 '까지', '마저', '조차'는 모두 앞말에 붙어 앞말의 의미를 돕는 조사의 기능을 하면서 의미의 유사성 때문에 한국어 학습자가 그 차이를 변별하여 사용하는데 어려움을 겪는다. 한국어 모어 화자 일지라도 미세한 의미차이에 대해 명쾌하게 설명하는 것은 쉽지 않다. 그러나 실제 사용에서 모어 화자들은 이들의 의미를 구별하여 적절하게 선택 사용한다. 따라서 학습자에게 간략한 설명 방법으로 의미적 차이를 인지시키기 어려울 경우, 모어 화자들의 사용 양상을 통해 그 차이점을 제시하는 것이 학습의 효과를 얻는 또 하나의 방법이 될 수 있다.

어휘의 의미적 차이를 설명하기 위해서는 먼저 사전에서 제시된 의미를 비교해 볼 수 있는데, 범용 사전과 문법 사전에서의 의미 기술에서도 일치하지 않은 설명을 보이고 있다. 먼저「표준국어대사전」과「연세한국어사전」과 같은 범용사전에서의 의미기술을 살펴보자면 다음과 같다.

(1)「표준국어대사전」(2009)에서의 의미 기술
 ㄱ. 까지
  「조사」((체언이나 부사어 뒤에 붙어))
  「1」어떤 일이나 상태 따위에 관련되는 범위의 끝임을 나타내는 보조사. 흔히 앞에는 시작을 나타내는 '부터'나 출발을 나타내는 '에서'가 와서 짝을 이룬다.
  「2」이미 어떤 것이 포함되고 그 위에 더함의 뜻을 나타내는 보조사.
  「3」그것이 극단적인 경우임을 나타내는 보조사.
 ㄴ. 마저
  [Ⅰ]「부사」남김없이 모두

[Ⅱ]「조사」((체언 뒤에 붙어)) 이미 어떤 것이 포함되고 그 위에 더함의 뜻을 나타내는 보조사. 하나 남은 마지막임을 나타낸다.

ㄷ. 조차
「조사」((흔히 체언 뒤에 붙어))이미 어떤 것이 포함되고 그 위에 더함의 뜻을 나타내는 보조사. 일반적으로 예상하기 어려운 극단의 경우까지 양보하여 포함함을 나타낸다.

(2) 「연세한국어사전」에서의 의미 기술
   ㄱ. 까지
     Ⅰ. 부사격 조사
       ① 어떠한 일반적인 주어진 범위의 한계를 나타낸다.
       ② 어떤 한계의 끝점을 나타냄.
     Ⅱ. 보조사
       ① '그 위에 더하여서', '그 밖에 더 첨가시키거나 현재의 상태나 정도에서 더 나아가서'의 뜻을 나타냄.
       ② 어떤 높은 정도에 미침을 나타냄.
       ③ 정상적인 정도를 지나침을 강조하여 나타냄.
   ㄴ. 마저
     ① '어떠한 사실에 더하거나 그러한 사실에서 더 나아가서'의 뜻을 나타냄.
     ② '최후의 것 까지 모두'의 뜻을 나타냄.
     ③ '그러리라고 전혀 기대하지도 않았던 것까지도'의 뜻을 나타냄.
   ㄷ. 조차
     ① (가장 쉽다고 생각되는 것을 나타내는 말에 붙어)㉠ '~도, ~마저도, ~까지도(할/될 수 없어)'의 뜻 나타

냄. ⓒ '~도, ~마저, ~까지(할/될 수 있어)'의 뜻을 나타냄.
② 어떠한 사실이 그와 비슷한 어떠한 사실에 더 보태어짐을 나타냄.
③ 극단의 상황을 부정함으로써 부정을 강조함.

두 사전에서의 설명을 보면 '까지'에 대해서 「표준국어대사전」에서는 조사의 개념으로, 「연세한국어사전」에서는 부사격조사와 보조사의 개념을 나누어 설명하였으며, 의미적 공통점과 차이점에 대해서도 약간의 차이를 보이고 있다.

[표 1] 범용사전의 의미기술에 나타난 공통점과 차이점

보조사	표준국어 대사전		연세한국어 사전	
	공통점	차이점	공통점	차이점
'까지'	이미 어떤 것이 포함되고 그 위에 **더함**의 뜻을 나타냄.	극단적인 경우	어떠한 것에 **더함**	높은 정도에 미침, 정상적인 정도를 지나침을 강조.
'마저'		하나 남은 마지막		최후의 것까지, 기대하지 않았던 것까지 포함
'조차'		예상하기 어려운 극단의 경우까지 양보하여 포함		가장 쉽다고 생각되는 것을 나타내는 말에 붙어 포함의 뜻을 나타냄, 극단의 상황을 부정하므로 부정을 강조,

두 범용 사전에서의 의미기술에서 이들 세 보조사에 공통적으로 나타나는 의미로는 어떠한 것에 '더함'의 의미를 꼽을 수 있으나, 차이점에 대해서는 두 사전에서 약간씩 다른 설명을 보이고 있다.

다음 문법사전에서 이들 세 보조사의 의미를 살펴보기 위해「한국어 문법 2」(국립국어원)과「어미·조사 사전」(이희자·이종희)에서의 의미 기술을 모아 보도록 한다.

(3) 「한국어 문법 2」(2005)에서의 의미 기술.
   ㄱ. 까지
     까지¹ (명사에 붙어)범위의 끝 지점이나 한계를 나타낸다.
     까지² (명사나 부사에 붙어) 1) 그 상황 이상의 것이 더해지거나 더 나아감을 나타낸다. 2) 보통으로 생각되는 정도를 넘어선 극단적인 상황임을 나타낸다.
   ㄴ. 마저
     용법: (명사에 붙어) 그 상황의 것이 더 해짐 도는 하나 남은 마지막임을 나타냄.
   ㄷ. 조차
     용법: (명사에 붙어) 그 상황 이상의 것이 더해짐을 나타낸다. 일반적으로 말하는 사람이 기대하지 못하거나 예상하기 어려운 극단의 경우까지 포함함을 나타낸다.

(4) 「어미·조사 사전」(2008)에서의 의미 기술.
   ㄱ. 까지
     부사격 조사
     1. ('까지'가 붙은 말이) 주어진 범위의 한계점임을 나타낸다.

2. 어떤 한계의 끝점을 나타낸다.
보조사
1. ('까지'가 붙은 말을) 함께 포함시킴을 나타낸다. '그 위에 더하여서', '그 밖에 더 첨가시키거나 현재의 상태나 정도에서 더 나아감'의 뜻.
2. [높은 정도에 미치거나 정상적인 정도를 지나치는 따위의] 극단적인 것을 나타낸다.

ㄴ. 마저
보조사
1. '어떠한 사실에 더 첨가하여', '그러한 사실에서 더 나아가서'의 뜻.
2. '최후의 것까지 모두'의 뜻. 하나 남은 마지막임을 나타낸다.

ㄷ. 조차
보조사
1. [부정의 뜻을 나타내는 문장에 쓰이어, 가장 쉽다고 생각되는 것을 나타내는 말에 붙임] '~도, ~ 마저도(할/될 수 없어)'의 뜻.
2. [긍정의 뜻을 나타내는 문장에 쓰이어] '~도, ~마저, ~까지(할/될 수 있어)'의 뜻.
3. 어떠한 사실이 그와 비슷한 어떠한 사실에 더 보태어짐을 나타낸다.
4. 극단의 상황을 부정함으로써 부정을 강조한다.

위의 두 문법사전에서 기술한 세 보조사에 대한 의미적 특징을 정리하여 보이면 다음과 같다.

[표 2] 문법사전의 의미기술에 나타난 공통점과 차이점

보조사	한국어 문법 2		조사·어미 사전	
	공통점	차이점	공통점	차이점
'까지'	그 상황 이상의 것이 더 해짐.	극단적인 상황.	어떠한 것에 더함.	높은 정도에 미침, 정상적인 정도를 지나침을 강조.
'마저'		하나 남은 마지막.		최후의 것까지, 하나 남은 마지막.
'조차'		기대하지 못하거나 예상하기 어려운 극단의 경우까지 포함함.		가장 쉽다고 생각되는 것을 나타내는 말에 붙어 포함의 뜻을 나타냄, 극단의 상황을 부정하므로 부정을 강조.

「한국어 문법 2」와 「어미·조사 사전」에서도 세 보조사에 나타나는 공통적 의미로 '더함'이 있으며, '마저'의 의미로 '마지막 하나'가 공통적으로 나타난 것 외 차이점에 대한 설명이 일치하지 않다.

범용사전과 문법사전에서의 의미 기술은 다소 차이점을 보이고 있어 이를 토대로 세 보조사에 대한 의미적 정보를 모두 제시한다면 학습자의 이해에 부담을 주기 쉽다. 세 보조사 모두 앞말에 붙어 어떤 의미를 보태주는 공통점은 있지만 다양한 언어적 환경에서 각각 서로 다른 의미를 보태주는 것에 초점을 맞추어 담화적 차원에서의 의미 분석을 살펴 볼 필요가 있다.

(2) 담화적 의미

　서로 비슷한 의미 특징을 지닌 보조사가 화자의 의도에 따라 서로 다르게 선택된다면 이들의 담화적 의미를 살펴볼 수 있는데, 이는 일련의 문장들이 화자의 의도라는 특징을 가져야 한다는 텍스트성(textuality)에 대한 일곱 가지 기준 중[7]에 의도성(intentionality) 기준에 의해 설명될 수 있다. 즉 담화는 목적 없이 결코 생성되지 않으며, 항상 어떤 효과를 가지게 된다는 것인데, 필자나 화자에 의해서 사용된 단어들은 어떤 목적을 위해 의도된 경우에만 텍스트라고 불릴 수 있다는(Jan Renkema, 1997:61) 것이다. 이러한 관점에서 보조사 '까지', '마저', '조차'가 화자의 어떠한 태도를 수반하는지를 논의한 선행 연구를 찾아보면 고영근(1989), 박신정(2001), 도은희(2011) 등이 있다.

　고영근(1989)에서는 세 조사의 용법에 대하여 '까지'는 화자가 예기하지 않았던 주체의 극단적 행동에 대해 찬의를 표하는 입장에 설 때, '마저'는 주체의 그러한 행동에 대해 찬의를 표하지 않는 입장에 설 때, '조차'는 주체가 화자의 기대대로 행동해 주지 않음에 대해 찬의를 표하지 않는 입장에 설 때 나타난다고 설명하였다. 여기에서 '찬의를 표한다'와 '찬의를 표하지 않는다'를 명제에 대한

---

7) 일련의 문장들이 텍스트로서 자격을 갖추기 위해 충족시켜야 할 일곱 가지 기준으로는 a. 응집성, b. 일관성, c. 의도성, d. 수용 가능성, e. 정보성, f. 상황성, g. 상호 텍스트성 등이 제시되고 있다(Jan Renkema, 1997:58~63).

화자의 긍정적 태도와 부정적 태도로 이해한다면, '까지'는 화자의 긍정적 태도를 나타내고 '마저'와 '조차'는 화자의 부정적 태도를 나타낸다고 할 수 있다.

박신정(2001)에서는 보조사는 격조사와 달리 하나의 월을 대상으로 해서는 구조나 기능이 파악되지 않으며, 담화 상황에서의 월의 쓰임과 관련하여야 올바로 파악할 수 있음을 제안하고 의사소통의 과정에서 나타나는 도움토씨의 정보전달 기능을 고찰하였다. 그 결과, '까지'는 말할이의 인식 태도는 중립적이고, '조차'는 말할이의 기대와는 다른 [불만]의 심적 상태를, '마저'는 말할이의 예상과는 다른 [놀람]의 심적 상태를 나타낸다고 하였으며, '조차', '마저'는 '까지'와는 달리, 그 선행어에 대하여 말할이 자신의 정감적인 인식, 태도를 드러내는 기능을 수행한다고 하였다.

도은희(2011)에서는 '조차', '까지', '마저'의 담화 정보를 제시하고, 화용론적 추론에 의해 순서 매겨진 담화상의 범위에서 이들을 변별할 수 있는 담화 정보를 '조차'는 '최초 값'을, '까지'는 '상한 값'을, '마저'는 '최후 값'으로 제시하였다. 또한 '조차', '까지', '마저'는 자신이 포함된 문장을 텍스트에 추가하면서 전후 명제들을 의미 있는 하나의 주제로 결속하는 결속 표지의 기능을 하며, 담화상의 범위에서 극성을 띠는 '조차', '마저'가 부정 극어의 함수자임을, '조차'는 주로 어휘적 부정에, '마저'는 주로 함축적 부정에 사용됨을 설명하였다.

담화적 차원에서 진행된 선행연구에서는 화자가 정보 전달을 함에 있어서 보조사 '까지', '마저', '조차'에 의하여 화자의 심적 태도를 드러내고 있음을 밝히고 있는데, 이를 정리하여 보이면 다음과 같다.

[표 3] 담화적 차원에서의 의미 연구

저자	발행 연도	담화적 차원에서의 의미 제시		
		'까지'	'마저'	'조차'
고영근	1989	(극단적 행동에 대한) 찬의를 표함.	(주체의 그러한 행동에 대해) 찬의하지 않음을 표함.	화자의 기대대로 행동하지 않음에 대해 찬의를 표함.
박신정	2001	화자의 중립적 인식태도	화자의 예상과는 다른 '놀람'을 표함.	화자의 기대와는 다른 '불만'을 표함.
도은희	2011	'상한 값'을 표함	'최후 값'을 표함. 함축적 부정	'최초 값'을 표함 어휘적 부정

보조사 '까지', '마저', '조차'에 대한 담화적 차원에서의 의미 분석은 연구자에 따라 다양하게 나타나고 있으나 모두 화자의 태도를 나타내는 것으로 귀납될 수 있다. 선행연구에서 제시된 이러한 담화적 특징을 바탕으로 아래에서는 실제 언어 자료인 코퍼스 자료에서 이들의 사용 양상을 통하여 이들의 특징을 확인하고자 한다.

3. 개별 어휘의 사용 양상

한국어 모어 화자들의 언어사용 양상을 살펴보기 위해서는 한국어 범용 코퍼스를 활용할 수 있는데, 여기에서는 SJ-RIKS Corpus에서 세 보조사의 출현 환경, 빈도, 선-후행어와의 결합 관계 등을 살펴 볼 것이다.

(1) 출현 환경

보조사는 체언, 부사, 활용어미에 두루 붙어서 어떤 의미를 더해주는 기능을 하는데, '까지', '마저', '조차'가 나타나는 출현 환경과 빈도수를 코퍼스 자료에서 확인할 수 있다. 우선 형태소 단위로 세 보조사를 검색하여 이들의 출현 숫자를 확인해 보면 '마저'와 '조차'에 비해 '까지'의 출현 숫자가 현저히 높음을 알 수 있다.

코퍼스 자료에 나타난 세 보조사의 출현 숫자:

형태소	출현 숫자
'까지'	4,4716
'마저'	2713
'조차'	3913

이는 사전에서 기술된 의미에서 드러나듯이 '까지'는 '더함'의 의미를 나타내는 보조사기능 외에도 어떠한 범위를 나타내는 부사

격조사의 기능을 하므로 시간이나 공간을 나타내는 체언에 붙어 사용되는 빈도가 상당히 높음을 알 수 있었다. 세 보조사의 출현 숫자의 비교는 단순히 '까지'가 '마저', '조차'보다 그 사용이 빈번하다는 양적인 사실을 증명하는 것이지만, 한국어 교육에서는 비슷한 의미 기능을 하는 보조사 중에서 사용 빈도가 높은 단어를 우선적으로 제시해야 하는 근거가 된다. 실제 한국어 교육에서 이 세 보조사의 제시 단계를 보면 '까지'는 초급과 중급 단계에서 제시되고, '마저'와 '조차'는 중급과 고급 단계에서 제시되어(임삼미, 2009:55) 사용 빈도수가 실질적인 교수-학습에 잘 반영되고 있음을 짐작할 수 있다.

다음으로 이들 보조사의 출현 환경을 알아보기 위하여 이들 세 보조사가 선행어로 삼는 어휘의 부류를 살펴볼 수 있는데, 이를 위해 '어절단위', '후방일치' 방법으로 세 보조사를 각각 검색하여 그 결과를 비교 분석할 수 있다. [표 7]은 세 보조사 앞에 나타나는 어휘의 품사를 분류하여 제시한 것이다.

[표 4] 세 보조사의 출현 환경 비교

	체언	조사	부사	어미
'까지'	생각까지/어디까지/-때까지…	경지에까지/가족들에게까지…	가까이까지/멀리까지…	이르기까지/늦게까지/감수하면서까지…
'마저'	생각마저/그것마저/-것마저…	지역에마저/자신에게마저	O	있는지마저…

| '조사' | 생각조차/그것 조차/-것조차 ... | 경우에조차/사람들에게조차 ... | O | 있기조차/대해서조차/있는지조차 ... |

위의 표에서 제시된 것처럼 '까지'는 명사, 대명사, 의존 명사와 같은 체언이나 다른 조사, 부사, 활용어미 뒤에 두루 나타나나, '마저'와 '조차'는 부사 뒤에는 나타나지 않아 '까지'가 더 다양한 언어적 환경에서 사용됨을 알 수 있다.

(2) 어휘의 결합 관계

한국어 교육에서 세 보조사를 변별하여 가르치기 위해서는 무엇보다 이들 사이의 의미적 차이를 비교 분석하여 제시하는 것이 필요하다. 코퍼스 자료에서 세 보조사의 출현 숫자와 출현 환경이 일치하지 않다는 것을 위에서 살펴보았는데, 이들 각각의 구체적인 의미를 도출하기 위해서는 세 보조사 주위에 나타나는 어휘를 살펴 결합 관계를 통한 의미적 특징을 찾아보는 것이 중요하다.

코퍼스에서 해당 어휘의 결합 관계를 고찰하기 위해서는 핵심어를 중심으로 가까운 거리에 자주 나타나는 선행어와 후행어를 살펴 볼 수 있는데, 여기에서는 '까지', '마저', '조차' 세 보조사 각각의 선-후행어를 고찰하기보다 세 보조사에 선행하는 말이 일치한 경우를 분석하고자 한다. 이는 보조사가 앞말에 붙어 어떤 의미를 더하는 기능을 하므로 동일한 선행어 뒤에서 각각 어떤 의미를 보태는지를 더 쉽게 파악할 수 있으며, 이들 사이의 의미 비교가 더 뚜렷해질 수 있기 때문이다. 이를 위해 본고에서는 세 보조사의 선행어를 각각 개별 검색한 후, 세 검색 결과에서 동일 선행어를 찾아 정리하였다. 아래의 [표 5]는 세 보조사 선행어로 나타나는 동일 어휘 중 그 출현 숫자가 모두 10회 이상인 것을 모아 제시한 것이다.

[표 5] 세 보조사 앞에 나타난 동일 선행어

선행어	'까지'		'마저'		'조차'	
	결합 형태	출현 숫자	결합 형태	출현 숫자	결합 형태	출현 숫자
것	것까지	176	것마저	14	것조차	110
그것	그것까지	24	그것마저	42	그것조차	31
마음	마음까지	52	마음마저	16	마음조차	10
생각	생각까지	67	생각마저	45	생각조차	80
일	일까지	90	일마저	12	일조차	32

세 보조사가 동일한 선행어 뒤에 나타나면서 어떤 의미를 보태는지를 구체적으로 살펴보기 위하여 [표 5]에 제시한 선행어중에서 '마음'을 선행어로 하는 용례를 뽑아 보이면 다음과 같다.

[표 6] 선행어 '마음'을 취하는 세 보조사의 결합 관계

선행어	'마음'+ 까지/마저/조차	후행어
서운한/야속한/갸륵한/사람의/따뜻한/…싶은/그리는/그리워하는/의지하는	마음까지	따뜻해지다…/든다…/더해서…/전해져…/생기다…/품고…/전달하는…/이해하는…/약해진…
안타까운/고마운/서먹한/…싶은 마음/사람의	마음마저	든다…/들었다…/일렁인다…/산란하다…/멀어지다…/병들어…/조마조마할…/환해진다…
공모할/지적해 줄/시계를 볼/인간의/믿는/찾을/그	마음조차	먹은 적이 없다…/들지 않았다…/일지 않았다…/잃게 되는…/없는…/집을 떠나는…

[표 6]에 제시된 이들의 선행어와 후행어를 보면 명사 '마음'과 의미적인 결합 관계를 이루는 어휘들임을 알 수 있다. 즉, 선행어로 나타나는 말들은 '마음'을 수식하는 관형어가 대부분이며, 후행어로는 '마음'을 주어로 취하는 '들다, 생기다, 일렁이다, 없다, 조마조마하다'와 '마음'을 목적어로 취하는 '품다, 전달하다, 이해하다, 먹다, 잃다'와 같은 용언들이다. 말하자면 선-후행어들은 보조사와 의미적인 호응관계를 이루는 것이 아니라 보조사가 붙은 명사 '마음'과 의미적 호응관계를 가지는 어휘라는 것이다. 이는 보조사가 문장에서 문법적인 기능을 하지 않는 특징을 잘 드러내는 것이지만 어휘의 결합 관계를 통해서는 보조사의 의미 특징이 드러나지 않음을 보여 준 것이다. 다만, '마음까지'와 '마음마저'의 후행어들은 긍정적이거나 부정적인 의미를 모두 나타내는 반면에 '마음조차'의

후행어들은 대부분 부정적인 의미를 나타내는 것을 알 수 있다. 아래에서 이들 보조사 대신에 격조사 '-가/-이'나 '-를/을'을 교체하여 의미적 기능을 살펴 보도록 하자.

(1) ㄱ. 앞으로는 자신의 마음을 잘 다스리고 다른 사람의 마음까지 움직일 수 있는 사람이 성공하게 될 것이다.
ㄴ. 앞으로는 자신의 마음을 잘 다스리고 다른 사람의 마음을 움직일 수 있는 사람이 성공하게 될 것이다.

(2) ㄱ. 그땐 정말 너무 힘들어 삶의 끈을 놓고 싶은 마음마저 들었다.
ㄴ. 그땐 정말 너무 힘들어 삶의 끈을 놓고 싶은 마음이 들었다.

(3) ㄱ. 자정이 지나고 1시를 지나고 또 2시를 지나고부터는 시계를 볼 마음조차 일지 않았다.
ㄴ. 자정이 지나고 1시를 지나고 또 2시를 지나고부터는 시계를 볼 마음이 일지 않았다.

위에 제시된 용례에서 (1), (2), (3)의 ㄴ.은 모두 '마음' 뒤에 나타난 보조사를 격조사로 교체하여 보인 것인데, 진술된 ㄱ.과 ㄴ. 문장의 의미로는 명시적인 차이가 드러나지 않지만 화자의 심적 태도가 일치하지 않음을 추정할 수 있다. 따라서 특정한 상황에서의 언어사용은 진술된 것 이상의 정보 도출이 가능하다는 담화적 접근법으로 '까지', '마저', '조차'에 의해 나타나는 화자의 태도를 좀 더 분석할 필요가 있을 것이다.

(3) 기능적 양상

보조사는 문장 내에서 말들의 관계를 나타내는 격조사와 달리 어떤 특별한 의미를 더해주는 기능을 한다. 앞에서 제시한 예문 (1), (2), (3)처럼 ㄱ. 문장들은 ㄴ. 문장들에 비해 명시적이지 않은 다른 정보를 가지고 있는데, 이들 주어진 문장에서 다른 암시적 정보를 도출하기 위해서는 '추론(inference)' 개념을 도입할 필요가 있다. '추론'은 담화로부터 도출될 수 있는 모든 가능한 암시적 정보들을 위한 집합적 용어로 여기에는 전제, 함의, 함축, 내포 등이 포함된다(Jan Renkema, 1997:256). 아래에서는 위에서 제시된 (1), (2), (3)의 문장이 함의하는 정보를 각각 추론해 보도록 한다.

(1′) ㄱ. 다른 사람의 마음까지 움직일 수 있는 사람.
　　 ㄴ. 자신의 마음을 잘 다스린다.

(2′) ㄱ. 삶의 끈을 놓고 싶은 마음마저 들었다.
　　 ㄴ. 너무 힘들었다.

(3′) ㄱ. 시계를 볼 마음조차 일지 않았다.
　　 ㄴ. 시계를 보지 않았다.

(1′)~(3′)에 제시된 ㄱ. 은 각각 ㄴ. 을 함의하고 있다. 함의란 A가 B보다 크고, B가 C보다 크다면, A는 C보다 크다는 결론을 내릴 수 있는 논리 관계이다. 즉, (1′)의 '까지'가 쓰인 문장은 다른 사람의 마음을 움직일 수 있는 정도라면 자신의 마음도 잘 다스릴

것임을 추론할 수 있으며, (2′)의 '마저'가 쓰인 발화는 삶의 마지막 끈을 놓고 싶은 마음이 들 정도로 심각한 상황이라면 충분히 힘들었음을 추론할 수 있다. 그리고 (3′)의 '조차'가 쓰인 문장은 시계를 볼 마음이 일지 않았음은 그 뒤에 시계를 보는 동작을 했을 리가 없음을 추론할 수 있다는 것이다. 결국 세 보조사의 쓰임은 진술된 내용 이상의 정보를 함의하는 것으로 볼 수 있다.

(4) ㄱ. 그 사람이 어디에 <u>사는지</u> 몰라. → 그 사람의 집 주소를 모른다.
ㄴ. 그 사람이 어디에 <u>사는지까지</u> 몰라. → 그 사람의 집 주소를 모른다. → 그 사람의 이름, 직업 정도는 알고 있다.
ㄷ. 그 사람이 어디에 <u>사는지마저</u> 몰라. → 그 사람의 집 주소를 모른다. → 그 사람의 근황은 물론 모른다.
ㄹ. 그 사람이 어디에 <u>사는지조차</u> 몰라. → 그 사람의 집 주소를 모른다. → 그 사람 사는 곳에 찾아 가거나 만난 적은 더욱 없다.

예문 (4)는 '그 사람이 어디에 사는지 모른다'는 하나의 명제에 각각 세 보조사가 나타났을 때 함의하는 내용이 다르다는 것을 보여 준 것이다. 즉, 화자가 단순히 '그 사람의 집 주소를 모른다'는 정보를 전달하기 위한 것이라면 (4)의 ㄱ.을 발화할 것이지만, 그 정보 외에 화자의 어떠한 의도를 더 드러내고자 할 경우에는 ㄴ. ㄷ. ㄹ. 처럼 보조사를 사용할 수 있는 것으로 보인다. (4)의 ㄴ.은 그 사람의 이름, 직업 정도는 알지만, 그 이상으로 그 사람이 어디에 사는지는 알지 못한다는 것을 강하게 부정하기 위해 발화할 수 있는 문장이 되며, ㄷ.은 그 사람에 대해 아는 것이 없음을 나타내고자 할 때 그 사람이 사는 곳을 모른다는 것을 극단적으로 부정하기 위해 발화할 수 있는 문장이 된다. 그리고 ㄹ.은 그 사람이 어디에 사는지를 모르므로 그 이상의 행동은 더욱 불가하다는 화자의 태도를 보여 주기 위한 발화가 된다. 이처럼 명제에 대해 화자가 생각하는 정도의 차이에 따라 세 보조사를 선택하여 사용할 수 있는데, '까지'는 앞말의 내용을 강한 '더함'으로 나타내고자 할 경우에, '마저'는 앞말의 내용을 극단의 '더함'으로 나타내고자 할 경우에, '조차'는 앞말의 내용을 약한 '더함'으로 나타내고자 할 경우에 사용하는 것으로 설명할 수 있다. 이는 사전에서 '까지'를 극단의 경우, '마저'를 마지막 하나, '조차'을 쉬운 것을 포함하는 것으로 설명한 것과 일맥상통하는 면이 있다. 즉, 세 보조사 모두 어떤 것이 포함되고 그 위에 더함을 나타내는데, '더함'의 정도에 차이를 보이므로 화자는 그 정도성에 따라 구별 사용한다는 것이다. 이러한 설명이 설득력을 가지기 위해서는 화자의 의도가 세 보조사에 따라 '더함'의 정도성이 달리 나타나야 할 것이다.

(5) 굳이 대답을 할 필요도 없는 질문이었지만 증인은 <u>그것까지</u> 답변하였다.
(6) 하다못해 떠난다고 전화는 했어야 하는데 <u>그것마저</u> 못했어요.
(7) 고개를 돌려 그녀의 모습을 한 번 더 보고 싶었지만 <u>그것조차</u> 하지 못했다.

위의 용례들은 모두 명사 '그것'에 세 개의 보조사가 나타난 것인데, (9)는 증인이 답변한 질문이 굳이 대답할 필요도 없는 것으로 화자는 '까지'를 사용해 보통이상의 '그것'을 포함했다는 태도가 엿보이며, (10)은 떠난다고 전화하는 것을 제일 나쁜 경우로 생각하고, 극단의 '그것'을 포함시키지 못했다는 화자의 후회스러운 마음이 드러나며, (11)은 고개를 돌려 그녀의 모습을 한 번 더 보는 일은 너무나 쉬운 일이지만, 쉬운 '그것'을 하지 못한 화자의 아쉬운 마음이 드러난다.

결국 보조사 '까지', '마저', '조차'는 모두 앞말에 '더함'의 의미를 보태지만, 특정한 상황에서 앞말에 대한 화자의 인식 강도에 따라 '강한 더함', '극단의 더함', '약한 더함'으로 보조사를 선택적으로 사용하므로 화자의 놀랍거나 후회스러움, 아쉬움 등 다양한 태도를 나타내는 것으로 설명할 수 있다.

4. 요약

보조사 '까지', '마저', '조차'는 대체로 '더함'과 의미상 관련이 있지만, 특정한 상황에서 다르게 사용된다. 이 세 보조사의 의미적 차이를 보다 뚜렷하게 설명하기 위해서는 실제 사용에서의 양상을 분석하고, 그 특징을 밝힐 필요가 있는데, 이 절에서는 한국어 코퍼스를 활용하여 세 보조사의 출현 빈도, 출현 환경, 용례 분석을 통하여 이들의 사용 양상을 살펴보았다.

코퍼스 자료에 나타난 세 보조사의 출현 빈도를 보면, '까지'가 기타 두 보조사에 비해 현저히 높은 출현 숫자를 보이고 있는데, 이는 '까지'가 '더함'의 의미를 나타내는 보조사기능 외에도 어떠한 범위를 나타내는 부사격조사의 기능을 하므로 시간이나 공간을 나타내는 체언에 붙어 상당히 높은 출현 빈도를 보임을 알 수 있었다.

다음으로 세 보조사에 나타나는 출현 환경을 비교해본 결과 '까지'는 명사, 대명사, 의존 명사와 같은 체언이나 다른 조사, 부사, 활용어미 뒤에 두루 나타나나, '마저'와 '조차'는 부사 뒤에는 나타나지 않아 '까지'가 더 다양한 언어적 환경에서 사용됨을 알 수 있었다.

마지막으로 세 보조사의 의미적 차이를 알아보기 위한 방법으로 코퍼스 자료에서 이들이 붙은 앞말을 핵심어로 한 선-후행어를 고찰해 보았다. 여기에서는 세 보조사에 선행하는 말이 일치한 용례를 추출하여 동일한 앞말 뒤에서 세 보조사가 각각 어떤 다른 의미를 보태는지를 알아보고자 하였다. 그 결과 핵심어를 중심으로 선행하거나 후행하는 어휘들은 보조사와 의미적인 호응관계를 이루는 것이 아니라 보조사가 붙은 앞말과 의미적 호응관계를 가지는 어휘라는 것을 확인할 수 있었으며, '-까지'와 '-마저'의 후행어들은 긍정적이거나 부정적인 의미를 모두 나타내는 반면에 '-조차'의 후행어들은 대부분 부정적인 의미를 나타내는 것으로 보였다. 선-후행어들이 보조사와 의미적 호응관계를 이루지 않는다는 것은 세 보조사가 문장에서 문법적인 기능을 하지 않는 특징을 잘 드러내는 것이며, 진술된 문장에서는 보조사의 의미적 특징이 명시적으로 드러나지 않음을 보여준 셈이다. 따라서 특정한 상황에서의 언어사용은 진술된 것 이상의 정보 도출이 가능하다는 담화적 접근법으로 보조사가 나타내는 암시적 정보를 도출해 볼 필요가 있으며, 이를 위해 보조사가 쓰인 문장이 함의하는 정보를 추론하는 방법으로 세 보조사의 의미를 분석하였다. 결국 보조사 '까지', '마저', '조차'는 특정한 상황에서 앞말에 대한 화자의 태도에 따라 '강한 더함', '극단의 더함', '약한 더함'으로 선택적으로 사용되며, 이러한 선택은 화자의 놀랍거나 후회스러움, 아쉬움 등 다양한 태도를 나타내기 위한 것으로 설명할 수 있다.

참고 문헌

고영근(1989),「국어형태론연구」, 서울대학교 출판부.
도은희(2011),「특수조사 '까지', '마저', '조차'의 담화정보」, 단국대 석사논문.
박신정(2001),「우리말 도움토씨의 의미기능 연구 : -는 -도 -만 -까지 -조차 -마저를 중심으로」, 인제대 석사논문.
신보라(2012), 한국어 보조사에 대한 교수 방안: '도', '까지', '마저', '조차'를 중심으로, 동덕여대 석사논문
이익섭·임홍빈(1983),「국어문법론」, 학연사
임삼미(2009),「한국어 교육을 위한 '보조사' 연구: {도}, {까지}, {조차}, {마저}를 중심으로」, 서울여대 석사논문.
Jan Renkema(1997),「담화연구의 기초」, 이원표 옮김, 한국문화사.

# 2부
코퍼스 활용과 학습 사전 개발

제 1 장
학습 사전 개발의 전제

1. 도입

한국어 학습 사전은 그동안 적지 않게 개발되어 학습자나 교수자 모두에게 필요한 도구서로 활용되고 있다. 학습자는 보통 읽기나 쓰기 또는 번역에서 부딪히는 어휘를 정확하게 이해하고 사용하기 위해 사전을 이용하며, 이러한 노력은 어느 정도 학습자의 어휘력 향상에 도움을 준다고 보아진다. 학습 사전은 보통 학습자의 특징을 고려하여 표제어를 수록하고 의미 정보를 기술하는 특징을 가지고 있다. 그러나 사전 이용이 학습자의 자율에 의해 이루어지고 있어 사전에 내재된 한국어의 어휘 문법 체계나 화용에 관련된 지식을 제대로 읽지 못하고 낱낱의 단어 의미를 이해하는 것에 그치게 되므로 사전 이용 시 오류를 초래하는 경우가 있다. 학습자가 사전에 표현된 것을 읽고 이해해야 한다는 입장에서 학습 사전을 읽기 영역으로 보아야 한다는(백봉자, 2003, 117) 지적이 있듯이, 학습자 스스로 학습 사전을 읽고 이해, 습득하는 과정은 또 하나의 학습 과정으로 볼 수 있다. 이 장에서는 학습자가 사전을 통하여 보다 효율적으로 한국어의 어휘-문법 체계를 파악하고 나아가 한국어 실력을 향상시키기 위해서는 교육 자료로 활용될 수 있는 사전 개발과 사전 읽기와 같은 사전 이용의 중요성에 대해 논의하고자 한다. 이를 위해 우선 중국어권 학습자를 대상으로 한 학습 사전의 개발 현황을 고찰하고 학습 사전의 내용 구성을 분석하여 학습 사전의 윤곽을 그려볼 것이다. 또한 사전이 교육 자료로 활용될 수 있기를 지향하는 관점에서 '사전 한국어'와 같은 과목 개설의 필요성에 대해서는 논의할 것이다.

(1) 학습 사전의 종류

한국어 학습자를 대상으로 하는 사전은 분류 기준에 따라 다양하게 나눌 수 있는데, 기술 언어에 따라 나누자면 한국어 단일어로 기술된 단일어 사전과 한국어, 학습자 모어로 기술된 이 언어 또는 삼 언어 사전이 있으며, 사전의 개발 목표에 따라 다시 종합 학습 사전, 발음 사전, 문법 사전(한국어 조사 어미 사전, 한국어 부사 사전 등), 어휘 분류 사전(속담 사전, 관용어 사전, 유의어 반의어 사전, 외래어 사전), 번역 사전(한·중, 중·한 사전), 시사 사전, 군사 용어 사전 등 의미 영역별 사전이 있다.

한국어 단일어로 편찬된 사전은 어느 특정 지역의 학습자를 대상으로 개발한 것은 아니고 외국어로서의 한국어를 배우는 외국인 학습자 전체를 대상으로 하였으므로 표제어나 설명의 분량 및 기술 정보가 자세히 다루어져 중대사전의 규모를 갖추고 있는 것이 대부분이며 (「연세한국어사전」, 「외국인 학습자를 위한 한국어사전」, 「한국어 교육을 위한 연어 사전」), 이에 비해 학습자의 모국어로 기술된 사전은 특정 지역이나 특정 대상을 독자로 하였으므로 주로 어휘 의미의 대역 정보나 선별된 언어 정보만을 다루게 되므로 중소 규모를 갖춘 사전이 대부분이다. 아래의 표에서 제시된 목록처럼 중국어권 학습자를 대상으로 편찬된 사전은 대부분 표제어의 의미는 중국어로 기술한 것들이다.

[표 1] 중국에서 출간된 한국어 관련 사전

	사전 이름	출간 연도	편집자	출판사
1	韩汉双解基础韩国语学习词典	2012. 01	任洪彬	外语教学与研究出版社
2	新编外来语词典	2011. 11	金成奎	商务印书馆
3	韩英汉三语词典	2011. 07	林从纲, 胡翠月	上海译文出版社
4	柯林斯韩英英韩小词典	2011. 06	(英)罗布斯克里文	上海译文出版社
5	新世纪韩汉词典	2011. 05	韩振乾	安徽科技出版社
6	韩中谚语惯用语词典	2010. 12	姜信道	黑龙江朝鲜民族出版社

7	21世纪韩汉外来语词典	2010.11	方培人	外语教学与研究出版社
8	韩国语副词词典	2010.10	白文植	世界图书出版公司
9	标准韩国语口语句典+常用词词典	2010.10	杨磊	北京语言大学出版社
10	新编韩中词典	2010.09	姜银国	世界图书出版公司
11	最新同义词反义词同音词词典	2010.07	朴永哲, 金顺玉	辽宁民族出版社
12	韩国语新语袖珍词典	2010.07	刘辰杰, 孙艳杰, 刘鸿	外语教学与研究出版社
13	韩国语助词和词尾词典	2010.02	李姬子, 李钟禧	外语教学与研究出版社
14	外研社手机词典(韩语版)	2010.02	外语教学与研究出版社	外语教学与研究出版社
15	专门为外国人编写的初级韩国语学习词典	2009.12	韩国国立国语院	外语教学与研究出版社
16	韩中非常用语辞典	2009.09	张昌君, 张京梅, 玄贞姬	辽宁民族出版社
17	韩国语实用语法词典	2009.05	许东振, 安国锋	外语教学与研究出版社
18	外研社精编韩汉汉韩词典	2009.05	毕玉德	外语教学与研究出版社
19	实用韩汉会话词典	2009.04	蔡心妍	北京大学出版社

20	韩国语外来语词典	2009.04	史峰	商务印书馆
21	韩汉小词典	2009.01	咸钟学, 金光烈, 申今顺	外文出版社
22	实用韩中中韩辞典	2009.01	韩国华书堂, 韩国NEXUS词典编纂委员会	辽宁民族出版社
23	韩国语词汇分类学习小词典	2008.12	杨磊	北京语言大学出版社
24	初级韩国语多功能学习词典	2008.12	安雪姬	北京语言大学出版社
25	白峰子韩国语语法词典	2008.10	白峰子	世界图书出版公司
26	韩中谚语词典	2008.06	宋昌洙, 金仁龙	延边大学出版社
27	韩汉-汉韩袖珍词典	2007.11	高岱	上海译文出版社
28	韩国语图片词典	2007.10	姜炫和	世界图书出版公司
29	韩汉新闻媒体词汇解例词典	2007.08	赵新建	外语教学与研究出版社
30	韩汉经济贸易词典	2007.04	姜信道	商务印书馆
31	韩英汉图解词典	2007.01	贾文波, 车玉平	外语教学与研究出版社
32	韩语会话词典	2006.12	权容云	世界图书出版公司
33	最新韩中常用外来语词典	2006.09	洪允善, 全明吉, 崔京南	黑龙江朝鲜民族出版社

34	韩国语词典	2006.05	韩国教学社编	民族出版社
35	实用韩中中韩辞典	2006.04	华书堂, 金珍物等	辽宁民族出版社
36	初级韩国语学习词典	2005.11	崔正洵	民族出版社
37	韩中常用外来语词典	2005.05	林文峰	民族出版社
38	实用中韩韩中词典	2005.01	韩国NEXUS辞典编纂委员会	黑龙江朝鲜民族出版社
39	韩汉大辞典	2004.12	刘沛霖	商务印书馆
40	实用韩中词典	2004.08	韩国华书堂编著	辽宁民族出版社
41	实用韩汉词典	2004.06	权浩渊, 郑英玉	安徽科学技术出版社
42	现代韩中中韩词典	2004.03	李武英	外语教学与研究出版社
43	即学即用韩语会话词典	2003.10	金京善, 任翔, 金正锡	外语教学与研究出版社
44	进明韩中词典	2003.09	李相度, 南德铉, 郭树竞, 康寔镇	黑龙江朝鲜民族出版社
45	精选韩汉汉韩词典	2001.05	姜信道	商务印书馆
46	韩国语外来语词典	1998.12	姜信道	对外经济贸易大学出版社

위에 제시한 목록은 2012년 4월까지 중국 지역에서 발간된 40여 권의 한국어 사전을 정리한 것이다. 여기에는 한국에서 출간된 사전이 중국 출판사를 통해 재 출판된 것도(≪专门为外国人编写的初级韩国语词典≫, ≪韩汉双解基础韩国语学习词典≫ 등) 포함된다. 중국에서의 한국어 사전은 양적인 면에서 영어 사전이나 일본어 사전에8) 못 미치지만 대부분 2005년 이후에 출간된 것으로 최근 한국어 사전이 다양하게 개발되어 독자들이 선택 사용할 수 있는 규모를 이루어 가고 있음을 볼 수 있다. 이 중 한국에서 출간된 사전은 대부분 한국인 학자가 편찬한 것들이며 중국에서 개발 출간된 사전은 중국인 학자(≪新编韩中词典≫2010. 姜银国编著), 또는 한국인 학자와 합동으로 편찬한 것들이 대부분이다.

사전은 처음 기획단계에서부터 개발 목표나 대상에 따라 설정된다. 한국어 단일어 사전의 경우 언어권이 다른 외국인 전체를 대상으로 개발되므로 해당 어휘의 발음, 원어, 의미, 문법, 화용, 관련어 등 어휘 관련 모든 정보를 될수록 자세히 기술하여 해당 어휘를 충분히 설명하는 데 심혈을 기울이며, 이는 해당 어휘의 언어지식을 이해하는 데 매우 도움이 되나 학습자의 입장에서는 과다한 정보를 한꺼번에 접하게 되므로 학습자가 사전을 찾아 해결하고자 하는 문제를 부각시키지 못한다는 아쉬움이 있다.

---

8) 중국에서의 이 언어사전은 약 2,078종이고, 다 언어 사전은 266종으로 총 2344종에 이른다고 한다. 이 중 英汉/汉英사전은 144종에 달한다. (李明°周敬华° 2008:250)

이에 비해 한·중사전과 같은 이 언어 사전은 중국어권 독자를 대상으로 개발, 편찬되었으므로 학습자의 모국어인 중국어로 표제어의 의미나 관련 정보를 기술하여 단어의 의미를 쉽게 이해할 수 있는 장점을 가지고 있으나 한국어와 중국어의 대응관계가 주축이 되므로 한국어 어휘 체계나 사용 규칙을 파악하게 하는 교육적 효과를 극대화 하지 못한다는 아쉬운 점이 있다. 따라서 한국 국내에서 개발 편찬된 사전을 바탕으로 현지 독자층에 맞게 재구성을 하거나 학습의 목표인 표현 능력과 이해 능력 향상에 초점을 맞추어 다양한 사전을 개발한다면 특정 학습자의 구미에 맞는 사전이 더 많아질 것으로 사료된다.

(1) 학습 사전의 특징

한·중사전과 같이 이 언어로 기술된 사전은 자국민이 이용하는 국어사전과는 달리 외국인이 목표어의 정보를 찾아 이해하고 표현하기 위해 사용하는 것이므로 광의의 학습 사전이라고 볼 수 있으나, 이 언어 사전이 반드시 학습과 관련하여 학습자의 학습 자료로 이용되는 것은 아니라는 점을 고려하여 본고에서는 협의의 학습 사전과 구별하고자 한다. 다시 말하자면 "학습은 지식이나 기능 따위를 배워서 익히는 과정으로 자주 경험하거나 여러 번 겪어 서투르지 않게 하는 실력 향상이" 되어야 하는데, 언어 지식과 기능을 익히는 학습 과정에서 교육용 학습 자료로 활용되어 한국어 학습의 효율을 높이는 역할을 할 수 있는 것을 협의의 학습 사전으로 한정

짓고자 한다. 한국어 교육에서 학습 자료로 이용되는 것은 각 교과 과정의 교재, 그리고 참고서 및 기타 미디어 자료가 될 것이다. 학습 사전은 지금까지 학습자가 개인적 필요에 따라 자율적으로 이용하고 참고하는 도구서의 기능을 하고 있으며 교육과정에 필수적인 교육 자료로 활용되지는 않고 있다. 그 이유는 한국어 교육과정에 사전과 관련된 과목이 개설되지 않았고 또한 사전이 교육 자료로 활용될 수 있는 내용과 구성을 갖추고 있다고 보기 어렵기 때문이다. 그렇다면 학습 사전의 특징은 무엇이며, 학습 사전은 어떻게 활용되어야 하는가를 파악하는 것이 교육용 학습 사전의 개발을 위한 선행 작업이 된다고 하겠다. 따라서 아래에서는 기존의 학습 사전들의 특징을 고찰하면서 교육용 학습 사전의 윤곽을 그려보고자 한다.

기존 출간된 사전 중에는 "학습"이라는 제목을 명시하여 학습 사전의 특징을 명시적으로 나타내는 것도 있고, 사전의 일러두기에 특정 학습자를 대상으로 편찬되었음을 설명한 것도 있다. 이러한 사전들은 표제어 선정 및 내용 항목에서 학습자의 요구를 적극적으로 반영하고 있는데, 한국 국내에서 출간된 한국어 학습 사전과 중국 국내에서 출간된 한국어 학습 사전을 최근 연도별 순으로 제시하면 다음과 같다.

[표 2] 한국과 중국에서 출간된 학습 관련 사전

	한국	중국
1)	연세 한국어 사전(연세대학교.	韩汉双解基础韩国语学习词典(任洪彬. 2012)
2)	한국어 학습 사전(외국인을 위한)(서상규 등. 2006)	专门为外国人编写的初级韩国语词典(韩国国立国语院. 2009)
3)	한국어 교육을 위한 한국어 연어 사전(김하수 등. 2007)	韩国语词汇分类学习小词典(杨磊. 2008)
4)	의미로 분류한 현대 한국어 학습 사전 (신현숙.	初级韩国语多功能学习词典(安雪姬. 2008)
5)	외국인을 위한 표준한국어 동사활용 사전(김종록. 2009)	初级韩国语学习词典(崔正洵. 2005)
6)	어미, 조사 사전_초급용(한국어 학습)(2008)	
7)	외국인을 위한 기초 한국어 사전(이상억. 1995)	
8)	한국어 사전(임홍빈. 1993)	
9)	외국인 학습자를 위한 초급 한국어 사전(배주채.	

한국에서 출간된 학습 사전 중에서 특정 언어권 학습자를 대상으로 한 이 언어 사전을 제외하면 약 9개의 외국인을 위한 학습 사전을 찾아 볼 수 있으며, 중국에서 출간된 중국인 학습자를 위한 학습 사전은 (한국에서 출간된 사전을 중국어로 대역하지 않고 중국에서 재 출간된 것을 제외하면) 3권의 소규모 학습 사전이 개발되었다.

이들 학습 사전 중에서 다량의 말뭉치를 기반으로 구성된 중대규모의 외국인 대상 학습 사전 1), 2), 3)과 중국인 학습자를 대상으로 중국에서 출간된 5)의 사전의 거시구조와 미시구조를 살펴 그 특징을 정리하여 보이면 다음의 [표 3]과 같다.

[표 3] 한국어 학습 사전의 내용 구성 특징 비교

항목 사전	거시 구조		미시구조	특징
	기술 언어	표제어 선정 범위	내용 항목	
연세한국어 사전 (1998)	한국어 1 언어	빈도에 따른 약 52,000여개 의 단어 및 문법 형태소	한자, 발음, 활용형, 품사, 뜻풀이, 용례	어미와 조사 같은 문법 요소를 풍부하게 실음. 용언의 활용 형태, 문형정보 등 충분한 관련 정보를 제시하여 문장을 생산할 수 있는 자료 제공.
외국인을 위한 한국어 학습 사전(2006)	한국어 1 언어 한·중 2 언어	초·중급 학습자를 위한 표제어 8977개.	원어, 품사, 발음, 활용, 뜻풀이, 용례, 문형, 화용, 관련어 정보 등	표제어 및 체언이 조사와 결합할 때와 용언의 활용형 발음을 모두 제시하였으며 문형정보와 함께 문형속의 각 성분에 대한 의미 부류 정보를 제시함으로 초중급 학습자에게 꼭 필요한 정보를 수록함.

한국어 교육을 위한 한국어연어 사전(2007)	한국어 1언어 (표제어 뜻풀이에 영어 대역어 제시)	한국어 교사와 중·고급 학습자를 위한 기초 어휘.	원어, 품사, 뜻풀이(영어 대역어), 선행어와 후행어, 관련어, 용례 등	말뭉치 용례에서 연어 관계를 추출하여 상세히 기록하고 별책부록에 선행어와 후행어를 중심으로 어휘 관계를 수록함으로 어휘를 효과적으로 사용할 수 있도록 구성됨.
初级韩国语学习词典(2004)	중국어 1언어	중국인 초급 학습자를 위한 기초어휘 2500개 선정	품사, 의미 번역, 유의어, 반의어, 활용 형태, 용례 및 용례 번역	동사와 형용사의 활용 형태 및 활용 규칙을 제시하고 표제어의 의미, 용례를 중국어로 해석해 놓음으로 중국인 초급 학습자들에게 난이도가 높은 용언의 활용형을 쉽게 설명함.

[표 3]의 각 사전은 개발 계획이나 목표단계에서 초급 학습자, 초·중급학습자, 또는 중·고급 학습자를 위한 사전으로 제한하였으며, 따라서 표제어 선정에서 대내 사전과는 확연히 다름을 볼 수 있는데, 표제어의 선정 기준으로는 고빈도 어휘나 한국어 교육용 기초어휘로 제한하였다.

"연세한국어사전"은 방대한 말뭉치에서 사용빈도가 높은 어휘만을 선정하여 표제어로 수록함으로 표제어 하나하나가 한국어 사용에서 실제적이고 필요한 어휘임을 확인할 수 있으며, 뜻풀이 역시 철저히 실제 용례에 나타나는 뜻과 쓰임새를 기술하여 이해하기 쉽게 기술하였다. 또한 용언의 활용형 및 문형정보를 용례와 함께 제시함으로 학습에 도움이 되도록 내용을 구성하였음을 볼 수 있다. 따라서 연세한국어 사전은 한국어를 가르치는 교사나 한국어 사전을 능숙하게 사용하는 고급 학습자에게 어휘의 의미뿐만 아니라 용법 및 구체적 사용에 이르기 까지 적극적인 도움이 되는 것으로 판단되며, 초·중급 학습자가 사용하기에는 외국어 대역어가 없고 발음 표기가 한국어로 되어 있어서 난이도가 높은 것으로 사료된다.

외국인을 위한 한국어 학습 사전은 먼저 한국어 교육 말뭉치와 한국어 교재 말뭉치를 구축하고 실제 한국어 교육에서 널리 사용되는 실제의 언어 자료를 토대로 표제어 선정 및 용례를 제시함으로 사전의 범위를 한국어 교육에 집중시켰으며, 발음, 품사, 원어, 활용 정보를 알기 쉽게 제시하여 초·중급 학습자들이 활용하기에 적절한 사전으로 사료된다.

"한국어 교육을 위한 한국어 연어 사전"은 중·고급 학습자를 대상으로 개발된 사전으로서 발음과 같은 정보를 과감히 삭제하고 표제어의 어휘 결합 관계를 통한 부표제어를 수록하고 결합 형태 단위로 관련 용례를 제시함으로 표제어의 의미뿐만 아니라 문법, 문맥을 한 눈에 익힐 수 있는 특징을 살렸으며, 기초어휘를 표제어로 선정하였지만 표제어와의 선, 후행 어휘의 결합 관계를 통하여 학습자가 표제어를 적재적소에 사용할 수 있도록 구안된 학습 사전이라고 보아진다. 기존의 학습 사전이 표제어의 의미를 설명하기 위하여 여러 가지 미시 정보를 제시한 것과는 달리 표제어와 결합할 수 있는 어휘들과의 결합 관계를 통하여 표제어를 설명함으로 어휘 층위에서의 의미 이해뿐만 아니라 구, 나아가 문장 층위에서의 실제 사용 양상을 보여 주었다. 또한 표제어를 통한 결합 관계에 놓인 어휘까지를 습득할 수 있는 학습 확대의 효과를 기대할 수 있다고 보아진다. 또한 뜻풀이로 완전한 설명이 어려운 의미를 어휘의 결합 관계를 통하여 분명하게 보여 줌으로 외국인 학습자들이 표제어를 이해하고 실제 사용에 응용할 수 있는 정보를 획득할 수 있을 것으로 보아진다.

≪初级韩国语学习词典≫은 중국인 학습자를 위한 사전으로서 뜻풀이는 중국어로 대역하였으며, 어휘 결합, 용례 모두 대응하는 중국어 역문이 있어 중국인 초급 학습자가 쉽게 이해할 수 있도록 구성되었다. 단, 표제어 관련 정보가 체계적으로 제시되었다고 보이지 않아 학습자가 단편적인 이해에 그칠 수 있다는 아쉬움이 있다.

위의 사전들의 구성 특징을 표제어 '감기'를 통하여 좀 더 구체적으로 비교하자면 다음과 같다.

[표 3] 표제어 '감기'를 통해 본 사전의 구성 요소 비교

사전	표제어 정보	뜻풀이	관련어 정보	용례
연세 한국어 사전 (1998)	감기(感氣)[감ː:기] 명	기침, 콧물, 재채기, 오한, 두통 등이 함께 생기는, 전염하는 호흡기 변.	(유)고뿔 (연) ~가 걸리다/ 들다 ~에 걸리다	‖ 몸이 덜덜 떨리는 것이 아무래도 감기가 든 것 같다. / 아이와 나는 일부일째 감기에 시달리고 있었다.

외국인을 위한 한국어 학습 사전 (2006)	감기☆★★ (感氣) [감ː기 kaːmgi] 명	기침, 콧물 등이 나고, 머리가 아파지는 병.	관독감, 감기약.	‖겨울에는 감기로 고생하는 사람이 많아요. ◇감기가 [걸리다 들다], ‖기침이 심한 것을 보니 감기가 들었군요. ◇감기에 걸리다 ‖날씨가 추우니까 감기에 걸리지 않도록 조심하세요.
한국어 교육을 위한 한국어 연어 사전 (2007)	감기 感氣 명사 관+감기 가벼운~, 독한~, 지독한~ 명+감기 기침 ~, 목 ~, 몸살 ~, 바이러스성 ~, 여름 ~, 오뉴월 ~, 유행성 ~, 콧물 ~ 감기+명 (감기) 기운, 몸살, 바이러스, 약, 예방, 증상, 치료, 환자	[보통 코가 막히고 열이 나며 머리가 아픈 병] a cold, influenza, the flu	상 병 해 독감 조 감기약	예 몸이 약해 감기가 떨어질 날이 없다. /오뉴월 감기는 개도 안 걸린다는데. /감기는 앓을 만큼 알아야 낫는다. /감기 정도로 병원에는 왜 가니?

	감기+동 (감기가) 걸리다, 다, 돌다, 떨어지다, 다, 유행하다 (감기를) 앓다, 예방하다, 치료하다 (감기에) 걸리다			
初级韩国语学习词典 (2004)	***감기[名]	感冒	[应用]감기약(感冒药), 독감(重感冒), 감기에 걸리다 (得感冒)	[例]감기 때문에 목이 아파요. 感冒了, 所以嗓子疼° / 감기에 걸리면 약을 먹고 푹 쉬어야 합니다. 得了感冒的话, 吃药应该好好休息°

위의 학습 사전의 특징을 다음의 다섯 가지로 귀납할 수 있는데, 첫째, 사전의 개발 목표가 학습자를 위한 것으로 매우 뚜렷함; 둘째, 표제어 선정은 말뭉치 기반을 통한 고빈도 어휘 또는 한국어 교육에 필요한 어휘를 선정하여 학습자에게 필요한 어휘를 선정함; 셋째, 내용구성에서 학습자의 수준 단계에 따라 원어정보, 발음정보, 품사정보, 관련어 정보, 용언의 활용형태 및 문형정보를 취사선택하여 수록함, 넷째, 뜻풀이는 쉽고 간략한 용어를 사용하여 기술하거나 외국어 대역어를 제시함; 다섯째, 실제 말뭉치에서 나타난 대표적인 용례를 제시함으로 실용적이고 난해하지 않음 등이다.

2. 학습 사전 개발의 조건

(1) 학습자 요구

학습 사전이 교육용 자료로 활용되기 위해서는 학습자의 배경, 기대(또는 요구)를 충족시켜 좀 더 세분화된 사전 개발을 구상할 수 있을 것이다. 중국어권 학습자의 요구에 대해서는 설문 조사를 통해 확인할 수 있는데, 여기에서는 2007년 6월에 진행된 중국인 학습자의 요구를 알아보기로 한다. 설문은 2007년 6월 16일 중앙민족대학교 한국어학과 1학년과 3학년 학생 47명을 대상으로 진행되었으며, 여덟 개 문항으로 나누어 설문지를 작성하였다. 설문 조사 내용과 조사 결과를 표로 정리하여 보이면 다음과 같다.

[표 4] 한국어 학습 사전에 대한 설문 조사

문항	내용	선택	비율
1.	지금 배우고 있는 교재(학습서) 외에 학습 사전이 필요하다.	ㄱ. 매우 그렇다	66%(31명)
		ㄴ. 그렇다	34%(16명)
		ㄷ. 그렇지 않다	0%(0명)
2.	학습 사전과 일반사전(한·중, 중·한)은 다르다고 생각한다.	ㄱ. 그렇다	85%(40명)
		ㄴ. 그렇지 않다	15%(7명)
3.	한국어 학습 사전에는 중국어 해석이 꼭 필요하다.	ㄱ. 그렇다	74%(35명)
		ㄴ. 그렇지 않다	26%(12명)
4.	교실 수업만으로 한국어 학습이 부족하다.	ㄱ. 그렇다	98%(46명)
		ㄴ. 그렇지 않다	2%(1명)

5.	현재 교실 수업 외에 한국어 학습에 가장 도움이 되는 것은;	ㄱ. 영화, 드라마 등	21%(10명)
		ㄴ. 한국인과 교류	55%(26명)
		ㄷ. 인터넷	2%(1명)
		ㄹ. 학습서	21%(10명)
		ㅁ. 기타	
6.	교실 수업에서 가장 부족하다고 생각하는 것은;	ㄱ. 발음	17%(8명)
		ㄴ. 의미(단어, 구)	4%(2명)
		ㄷ. 단어 활용(형태 변화)	23%(11명)
		ㄹ. 문법 설명	11%(5명)
		ㅁ. 표현	45%(21명)
		ㅂ. 기타	
7.	한국어 학습 사전이 있으면 가장 도움이 될 것 같은 것은;	ㄱ. 발음	4%(2명)
		ㄴ. 의미(단어, 구)	34%(16명)
		ㄷ. 단어 활용(형태 변화)	40%(19명)
		ㄹ. 문법 설명	21%(10명)
8.	이럴 때 한국어 학습 사전이 가장 필요하다.	ㄱ. 쓰기	62%(29명)
		ㄴ. 읽기	17%(8명)
		ㄷ. 말하기	17%(8명)
		ㄹ. 듣기	4%(2명)
		ㅁ. 기타	

위의 설문 조사에서 문항1.의 교재 외에 학습 사전이 필요하다를 선택한 학생이 100%에 달하여 학습 사전의 필요성을 확인할 수 있었으며, 학습 사전과 일반사전(한·중, 중·한)은 다르다고 생각하는 학생이 85%를 차지하여 학습 사전은 일반사전과 구별되어야 함을 시사한 것으로 이해된다. 문항3.의 '한국어 학습 사전에는 중

국어 해설이 꼭 필요하다'에서 '그렇다'를 선택한 학생이 74%, '그렇지 않다'를 선택한 학생이 26%를 차지하여 대부분의 학생이 중국어로 해설되어 쉽게 이해할 수 있기를 기대하였으나, 한국어 이해가 가능한 수준의 학생들은 중국어 해설이 아니어도 됨을 시사하여 학습자 수준에 따라 학습 사전의 해설 언어를 선택할 수 있을 것으로 이해된다. 문항4.의 '교실 수업만으로 한국어 학습이 부족하다'를 선택한 학생이 98%를 차지하여 교실 수업 외의 자율 학습과 같은 보조 학습을 활성화 시킬 필요성을 제기하였으며, 교실 수업 외에 가장 도움이 되는 방법으로 한국인과의 교류를(55%) 꼽았고, 다음으로 한국 영화나 드라마, 학습서 등을 선택하였다. 교실 수업에서 가장 부족하다고 생각하는 것은 표현(45%), 단어 활용(23%), 발음(17%), 문법(11%) 등 순으로 나타나 문법이나 발음, 단어 활용보다 한국어 표현 학습이 가장 부족한 것으로 이해할 수 있다. 한국어 사전이 있으면 단어 활용(40%), 단어나 구의 의미(34%), 문법(21%), 발음(4%) 등 순으로 가장 도움이 될 것으로 나타났으며, 한국어 학습 사전을 '쓰기'(62%)할 때 가장 많이 사용하고 다음으로 '읽기'나 '말하기'에서 사용할 것으로 나타났다.

　설문 조사에서 보여 주듯이 학습자는 사전에서 어휘의 의미만을 얻고자 하는 것이 아니라 그 이상의 어휘의 기능을 습득하여 표현에 이용하고자 한다는 것을 알 수 있는데, 이러한 요구를 반영하여 학습 사전을 이용한 능동적인 학습이 이루어 질 수 있도록 해야 할 것이다.

(2) 학습자 특징

학습자가 학습 사전을 통하여 능동적인 학습을 진행하도록 하기 위해서는 학습자의 특징을 전제로 학습자의 요구를 충족시켜야 할 것이다. 따라서 학습자의 모국어 특징 및 한국어 수준을 고려하여야 하며 학습자에게 필요한 정보가 충분히 수록되어야 한다. 중국어권 학습자의 특징을 고려하여 학습 사전이 개발된 사례로 영어 학습 사전의 종류를 참고로 제시하여 보이자면 다음과 같다.

중국어권 학습자를 위한 영어 학습 사전의 종류:
(1) 英语成语词典(1972), 厦门大学外语系编译, 商务印书馆
(2) 现代英语用法词典(1987), 张道镇主编, 上海译文出版社
(3) 最新英汉对外经贸词典(1993), 外延社
(4) 英语六用词典(求解, 作文, 搭配, 用法, 辨异, 习语)(1994), 四川人民出版社
(5) 英语反义词字典(1995), 刘毅主编, 世界图书出版公司
(6) 英汉法律政治经济词汇(1997), 陈公绰主编, 中国对外翻译出版公司
(7) 英语写作词典(1998), 董黎等, 外延社
(8) 英语字根, 字首, 字尾分类词典(1998), 蒋争 著
(9) 最新常用英语同义词辨析词典(1999), 王学文, 张海森主编, 世界图书出版公司
(10) 新世纪英汉多功能词典(2003), 戴炜栋 主编, 外延社

중국어권 학습자를 대상으로 한 영어 학습 사전 중에서 (2)『現代英语用法词典(현대 영어 용법 사전)』, (4)『英语六用词典(영어 6가지 용법 사전)』, (8)『英语字根, 字首, 字尾分类词典(영어 어근, 어두, 어미 분류사전)』등은 학습자의 특징을 고려하여 영어 단어의 활용 형태, 용법, 호응 관계 등을 다루거나 (7)『英语写作词典(영어 습작 사전)』사전 처럼 쓰기와 같은 학습자의 언어사용 기능에 초점을 맞추어 편찬되었음을 알 수 있다. 이는 중국어가 어간과 어미의 활용형이나 제약이 없기 때문에 영어의 단어 활용 형태를 분류한 사전이 필요한 것으로 짐작되며, '쓰기'와 같은 표현에서 활용할 수 있는 학습 사전이 개발되었음을 알 수 있다.

위에서의 논의를 바탕으로 중국어권 학습자를 대상으로 하는 학습 사전의 개발에서 고려하여야 할 점을 몇 가지로 정리하면 다음과 같다.

첫째, 중국어와 한국어의 대조적 접근이 필요하다. 중국어는 고립어로 단어의 형태가 변하지 않는다. 이는 목표어인 한국어의 어간과 어미의 정보를 자세하게 제공할 필요성을 말한다. 예컨대, 동사와 형용사는 어간과 어미의 구별을 뚜렷하게 표시하는 것이 좋으며9), 관형사형 어미, 종결형 어미와 같은 연결형과 종결형 어미 정보를 수록하는 것이 좋다.

---

9) 『연세 한국어 사전』에서는 동사와 형용사의 어간과 어미 구별을 명시하기 위하여 '**가**다'와 같이 어간을 진한 글씨체로 표시했다. 이는 어간과 어미의 구별을 시각적으로 인지하게 하는 좋은 방법이라 생각한다.

둘째, 학습 사전은 학습자가 쉽게 이해하도록 구성되어야 한다. 학습자가 학습 사전을 사용하는 것은 교사의 지도가 없는 자율 학습에서 쓰기나 읽기, 말하기를 위하여 사전을 사용하게 되므로 한국어 이해와 표현에 모두 필요한 지식을 학습 사전에서 얻으려고 한다. 학습 사전이 학습자의 한국어 수준으로 이해하기 어려우면 실질적인 도움을 주지 못할 뿐만 아니라 학습 의욕을 상실시킬 수도 있다. 중국어권 학습자가 쉽게 이해하려면 무엇 보다 중국어 해설과 번역이 필수적이다. 그러나 한국어와 중국어 번역에서 오는 비대응의 문제점을 해결하기 위해서는 장황한 설명보다 적당한 예문을 들어 의미를 이해시키는 것이 좋다. 학습자는 설명으로 잘 이해하지 못한 부분을 예문의 문맥적 의미를 통하여 이해하게 되고 모방하게 될 것이다. 예컨대, '다녀오다'를 중국어로 '去回来'로 번역하면 의미가 절대적으로 대응되지 못하므로 '잘 다녀오세요!/ 请走好', '다녀왔습니다!/我回来了' 등의 예문을 통해 학습자의 학습 효과를 도출하는 것이 중요하다.

셋째, 학습 사전은 학습자의 요구를 충족시켜야 한다. 학습자는 교실 수업에서 부족한 부분이나 '쓰기'처럼 표현을 하기 위하여 학습 사전을 사용한다. 아예 사전에 의지하여 한국어를 학습하려는 학생도 있다. 따라서 내용과 형식면에서 알기 쉽게 구성되었다고 하더라도 지나치게 간편하여 학습자가 얻고자 하는 정보를 충분히 수록하지 못하면 사전의 의미를 상실하게 될 것이다. 예컨대, 교실 수업에서는 '그러나'와 '그런데'의 중국어 번역어를 모두 '但是'로 제시하므로 학습자는 두 부사의 의미 차이를 정확히 습득하지 못할 수 있다. 이 경우, 학습 사전에서 좀 더 자세한 의미 해설과 예문이 수록되어 이들의 의미 차이를 인지하도록 도움을 준다면 사전을 통한 학습 효과를 기대할 수 있을 것이다.

넷째, 한국어 학습 사전은 국어사전과 달리 한국어 학습에 필요한 특징을 살려야 할 것이다. 모국어 화자일 경우 의미 정보만을 가지고도 단어의 문법적인 기능, 활용, 표현 등 용법을 쉽게 알 수 있지만, 외국인일 경우 단어의 의미를 이해하였다고 해도 문장에서의 결합 관계, 연어 관계 등 구문적 지식을 인지하여야 이해에서 표현으로 연결될 수 있다. 학습자의 설문 조사에서 나타났듯이 학습자는 쓰기와 같은 한국어 표현을 하기 위하여 학습 사전을 가장 많이 사용하게 된다. 따라서 학습 사전이 단순히 학습자의 이해를 돕기 위한 것보다 학습자의 표현을 돕기 위해서는 표현 항목을 다량 추가 수록하여야 할 것이다.

3. 어휘 학습과 사전 이용

(1) 어휘 학습

한국어 교육 내용을 발음 교육, 문법 교육, 어휘 교육으로 나누어 본다면 어느 것 하나 중요하지 않은 것이 없다. 이 중에서 어휘 교육은 발음 교육과 문법 교육에서 빼놓을 수 없을 뿐만 아니라 초급과 중급, 고급과정 전반에 걸쳐 이루어지며, 나아가 교육이 끝나고서도 학습자는 계속하여 더 많은 어휘를 배워야 한국어 능력이 향상된다고 말할 수 있다. 다시 말하자면 학습의 시작에서 사용에 이르기까지 어휘 학습은 줄곧 이어지며, 결국 한국어 능력은 어휘력에 비례한다고 볼 수도 있다. 그럼에도 단어 5,000개를 배운 학습자가 단어 3,000개를 배운 학습자보다 한국어 능력이 반드시 낫다는 확정은 짓기 어렵다. 여기에서 말하는 어휘의 양은 단순히 단어의 수 개념이지만 어휘력은 이러한 단어를 조합하여 이루어진 말을 잘 이해하거나 잘 표현하여 의사소통을 원활히 하는 것을 말하기 때문이다. 설문조사에서 알 수 있듯이 학습자가 쓰기와 같은 표현을 위하여 사전을 더 많이 이용한다는 것은 낱낱의 단어 의미를 이해하는 것에서 어휘를 조합하여 구 단위, 문장 단위로의 확장을 기대한다는 것이다.

학습자의 절반이 의사소통 시 어려움이 되는 원인을 어휘로 꼽는 것(조현용. 2000:138~149)은 의사소통에서 어휘를 가장 중요한 요소로 보는 학습자가 많다는 것을 의미하며, 한국어 교육에서 어휘 교육의 중요성을 부각시키는 근거이기도 하다. 학습자는 대개 반복하여 쓰면서 단어를 암기하기, 모국어 화자와의 대화나 읽기, 듣기를 통한 어휘 학습, 사전을 이용한 어휘 학습 등 단순한 어휘 학습 책략을 사용하는 데, 학습 단계나 학습의 환경, 개인 선호도에 따라 다양하게 나타난다. 이 중 사전을 이용한 어휘 학습은 많은 학습자들이 수업 시간 또는 수업 외 시간에 이해나 표현을 위하여 자유롭게 이용하는 방법이다. 사전은 빠른 시간에 원하는 정보를 스스로 쉽게 찾을 수 있다는 장점이 있으므로 학습자는 대개 초급 단계에서는 이 언어 사전을, 중급단계에서는 한국어 단일어 사전을 같이 이용한다.

(2) 사전 이용

사전 이용에서 학습자가 사전에 실린 정보를 정확하게 이해하지 못할 경우 오류 문장을 생성하게 되는 소지가 있다. 예컨대, 중국어의 "讲条件"이라는 표현을 '조건을 달다' 또는 '조건을 붙이다'로 표현하지 않고 '여건을 말하다'로 표현하는 것은 '조건'과 '여건'의 의미를 제대로 이해하지 못했기 때문에 나타나는 오류라고 판단할 수 있다. 가령 학습자가 사전에 실린 어휘의 의미를 더 확실하게 이해했다면 이런 오류는 예방할 수도 있을 것이다.

아래에 표준국어대사전과 한·중사전, 중·한사전에 실린 '조건'과 '여건'의 의미 정보를 살펴보기로 한다.

[표 5] 사전에서의 '조건'과 '여건'의 의미 정보

표준국어사전		韩中辞典	中韩辞典/现代汉语词典
표제어	의미 기술		
조건02 (條件) [-껀] 「명사」	「1」어떤 일을 이루게 하거나 이루지 못하게 하기 위하여 갖추어야 할 상태나 요소. ¶ 지리적 조건을 갖추다/농산물은 기후적 조건에 따라	조건 [條件] 名 ① 条件tiaojian. ｜거래~. 交易条件°｜필수~.	【条件】tiaojian 名 ① 조건「自然~: 자연 조건」「创造有利~:유리한 조건을 만들다」

	생산량이 큰 영향을 받는다./민족성은 그 국토적인 조건에 결정적인 영향을 받게 마련이다. ≪유주현, 대한제국≫ 「2」일정한 일을 결정하기에 앞서 내놓는 요구나 견해. ¶ 결혼 조건/조건을 달다/조건을 붙이다/조건을 제시하다/나는 이익의 반을 가진다는 조건 아래 친구 사업에 투자하기로 결정하였다./이번 사단에도 배 구장은 김 첨지 집에 아무런 조건 없이 벼 다섯 가마를 대여해 주었었다. ≪김원일, 불의 제전≫/유재덕이에게서는 이미 모든 걸 알아서 하라는 확답을 받아 놓았겠다, 상호가 어떤 조건을 내세우든 돈은 쓸 수 있게 다 되어 있었다. ≪한수산, 유민≫ 「3」『법률』법률 행위 효력의 발생이나 소멸을 장래에 일어날 불확실한 사실에 의하여 제한하는 일.	必要条件°｜~반사. 条件反射° ② <法>条件 tiaojian.	② (요구하는)조건, 기준.「他的~: 그의 요구조건은 까다롭다」 ③ (상태로서의)조건.「他身体~很好: 그의 신체 조건은 매우 좋다」 现代汉语词典 【条件】tiaojian 名 ① 影响事物发生´存在或发展的因素：自然~｜创造有利~° ② 为某事而提出的要求或定出的标准：讲~｜他的~太高，我无法答应° ③ 状况：他身体~很好｜这个工厂~很好，工人素质高，设备也先进
여건01 (與件)	「1」주어진 조건. ¶ 생활 여건/여건을 갖추다/	여건 (與件) ①(逻) 已知	

[여:껀] 「명사」	좋은 여건을 마련하다/여건이 나쁘다/그는 어려운 여건 속에서도 좌절하지 않고 열심히 살았다. /경제적 여건만 허락되면 계속 공부를 할 생각입니다. /형우는 반장이 될 만한 여건을 많이 갖추고 있었다. ≪전상국, 우상의 눈물≫ 「2」『논리』=소여02(所與)「2」.	yizhi°｜~이 성립하다. 已知成立° ② 条件 tiaojian｜~이 허락된다면 공부를 계속하고 싶다. 如果条件允许的话, 想继续学习°｜~이 안 좋아서 난 그 회사에 입사하지 않았다. 由于条件不好, 我没去那家公司工作°

중국어에는 '여건'에 대응하는 단어가 따로 존재하지 않고 "条件"이 문맥에 따라 '조건'으로 대역되기도 하고 '여건'으로 대역되기도 한다. 위의 오류 문장을 생성하게 하는 원인은 학습자가 '조건'과 '여건'의 의미 차이를 제대로 파악하지 못하고 '여건'의 의미를 중국어의 '条件'에 해당하는 것으로 이해했기 때문에 발생한 예문이다. 그렇다면 사전 이용에서 나타나는 이러한 오류 발생을 예방하기 위한 방법은 무엇일까? 본고는 사전 이용에서 나타나는 오류 발생의 원인은 학습자가 사전의 의미 정보를 제대로 읽지 못하는

데에 있다고 본다. 만약 학습자가 표제어 '여건'에 제시된 의미 정보를 제대로 파악했다면 이러한 오류는 예방 할 수 있을 것이다. 표제어 '여건'은 한자 '與件'에서 알 수 있듯이 '주어진 조건'이라는 뜻을 읽을 수 있으며, 용례에서 '생활 여건', '어려운 여건', '경제적 여건이 허락된다면…'과 같이 어휘의 결합 관계를 통하여 '조건'과의 의미 차이를 드러내고 있다. 그렇지만 학습자는 중국어에 대응하는 '条件'의 의미를 극대화하고 기타 어휘 결합 관계 정보나 한자 정보를 극소화 시켰기 때문에 정확한 의미 정보를 이해하지 못한 것으로 판단된다. 이는 사전이 학습자의 의미 이해를 위해 의미 정보의 배열이나 요구 사항을 더 뚜렷이 보여 줄 필요도 있겠지만, 더 중요한 것은 학습자가 사전을 제대로 읽지 못하는 데에서 그 원인을 찾을 수 있다.

사전 찾기는 지금까지 교사의 지도가 없이 학습자 개인의 자의적인 학습 방법으로 사용되었기 때문에 정확한 의미 이해와 사용에서 효율적이지 못한 점이 있다. 학습자가 사전 편찬자의 의도나 목적을 정확히 알고 사전의 내용 구조를 자세히 파악했다면 이러한 오류는 줄일 수 있을 것으로 기대한다. 따라서 한국어 교육에서 '사전한국어'와 같은 어휘 학습과 사전을 연계 지을 수 과목이 개설된다면 사전의 편찬 목적, 내용 구성, 표제어의 의미 정보 등을 통하여 한국어 어휘 전반에 대한 전면적인 학습이 이루어 질 것이며 나아가 국어학이 쌓은 사전이라는 이 방대한 성과물을 효율적으로 이용할 수 있는 길이 되리라 생각된다.

'사전한국어'가 한국어 교육의 교과목으로 설정되기 위해서는 개설 필요성에 대한 충분한 논의가 있어야 할 것이다. 교과목의 개설은 우선 교육의 목표에 위배되지 않아야 한다. 한국어 교육은 한국어로 의사소통할 수 있는 한국어 능력을 양성하는 것을 목표로 삼으며, 따라서 언어의 기능 영역인 말하기, 듣기, 읽기, 쓰기 과목을 비롯하여 문학 강독, 통역과 번역, 한국 문화 등 외국인 학습자가 한국어를 실질적으로 사용하는 데 필요한 기능 신장과 문화 이해에 도움이 되는 과목으로 구성된다. 이러한 교과목의 지식 영역은 한국어의 통사론, 음운론, 형태론, 의미론에 기반을 두고 있으며, 학습자는 한국어 관련 지식을 체계적으로 학습함으로 한국어 사용 능력을 향상함과 동시에 일반 언어 지식을 쌓게 된다. '사전한국어'가 학습자의 한국어 능력과 언어 지식을 얻게 하는 것은 의심할 여지가 없을 것이다.

사전에는 어휘의 발음 정보, 문법 정보, 관련어 정보, 화용 정보 등 어휘 전반에 걸친 지식이 내재되어 있다. 학습자는 사전을 이용하면서 한국어의 어휘 체계, 문법 체계, 발음 체계를 파악하는 데 도움을 받을 것이며, 나아가 사전을 이용한 한국어 이해와 표현의 학습 방법을 키워 교사나 교재가 없이도 자주적으로 어휘 양을 늘리고 어휘 사용능력을 향상시킬 수 있는 내재적인 학습방법을 찾을 수 있다는 데 의의가 있을 것이다. 따라서 궁극적으로 학습 사전뿐만 아니라 내국인을 위한 국어사전을 자연스럽게 이용하는 단계에 이른다면 학습자는 한국어를 지속적으로 향상시킬 수 있다고 판단된다. 모국어화자라도 필요에 따라 국어사전을 이용하면서 의미의 정확성을 확인하고 사용방법을 터득하면서 좀 더 나은 언어생활을 하는 것처럼 외국인이 내국인처럼 필요에 따라 국어사전을 이용하는 수준이라면 그의 한국어 실력은 꾸준히 향상될 것임에 틀림없다. 그러나 만약 학습자가 사전을 제대로 읽는 연습과 사전 이용을 습관화하는 과정이 없다면, 이 학습자는 사전과는 거리가 멀어질 것이며, 이는 교재나 교사가 없을 경우 안정되고 지속적인 한국어 수준을 유지할 수 있는 방법을 전수하지 못하는 아쉬움을 남기게 될 것이다. 이는 교육의 목표뿐만 아니라 교육적 전략 면에서도 그 필요성을 찾을 수 있다고 하겠다.

'사전한국어' 과목이 한국어 교육의 목표에 위배되지 않는다고 하여 개설의 필요성이 충분한 것은 아니다. 다른 과목과의 유기적인 관계를 이루고 단순 반복과 같은 불필요한 중복이 없어야 교육의 효용성을 기대할 수 있을 것이다. 사전이 한 나라의 언어문화를 한눈에 보여주는 거울과 같은 것으로[10] 최근 대량의 자연 언어 데이터베이스를 기반으로 한 (한)국어 사전 제작이 활성화 되고 있는 것은 외국어로서의 한국어 교육에서 그 연구 업적을 활용할 수 있는 여건을 마련해 주고 있다. '사전한국어'에서 다루어야 할 주제는 표제어에 대한 이해, 표제어의 발음, 어원, 형태 변화와 문법 범주, 뜻풀이, 용례, 관련어 등 정도의 내용으로 규정짓는다고 해도 기존의 개설과목과 무의미하게 겹치지 않는다. 오히려 다른 과목에서 표면적으로 다루었거나 빠진 부분을 보충 또는 깊이 있게 다루게

---

10) 사전의 개념과 범위에 대해서는 홍종선 외(2009) 국어사전학 개론을 참조.

되므로 학습자의 어휘 이해와 사용을 한 층 강화시키는 효과를 기대할 수 있게 된다. 단순한 반복과 비생산적인 겹침은 지양해야지만 한국어가 아닌 언어 환경에서 이루어지는 한국어 교육은 교과 내용의 교차 중복과 다양한 교수 학습 모델로 학습자의 인지 능력과 기억 능력을 최대한 발휘시켜 모국어의 영향을 극복하고 학습의 효율을 높여야 할 것이다. 이런 점에서 사전을 통해 한국어를 이해하고 표현하는 능력을 신장시키는 과목은 타당성을 가지는 것으로 판단된다.

'사전한국어'의 교과 내용이 학습자의 요구에 부응하고 시대적 변화에 따라 발전하려면 한국 국내에서의 사전학, 사전 편찬학과 같은 학문적인 연구나 성과가 기반이 되어야 할 것이다. 한국 사전학회가 결성되고 사전학에 대한 체계적인 탐구와 이론적인 모색이 활발하게 이루어지고 있으며,「국어사전학 개론」서와 같은 이론적인 접근이 이루어져 사전학이 독립적인 학문의 영역으로 자리 잡음을 잘 보여주는 것이다. 따라서 발전하는 한국어의 연구 업적을 한국어 교육과 접목시켜 한국어에 대한 이해와 한국어 능력을 향상시키는 효과를 기대할 수 있다는 점이 '사전 한국어' 과목 개설의 근거이기도 하다.

4. 요약

위에서는 중국에서의 한국어 학습 사전의 현황을 고찰하고 내용 구성을 중심으로 학습 사전의 특징을 살펴보았다. 또한 중국어권 학습자를 대상으로 학습자의 요구와 학습자 모국어의 특징을 고려한 다양한 사전의 개발이 필요하며, 이를 위해서는 음운, 형태, 문법 분야에서 이루어진 한·중 언어의 대조 분석 결과를 바탕으로 학습자 수준에 맞는 내용 구성과 말하기, 쓰기와 같은 언어 기능 영역에 초점을 맞춘 사전의 개발이 필요함을 강조하였다.

지금까지 외국인을 위한 한국어 사전은 교수자와 학습자에게 교육-학습자료로 이용되기보다 도구서로 더 많이 이용되고 있다고 본다. 그 원인은 우선 한국어 교육과정에 사전과 관련된 교과목이 설정되지 않았고, 따라서 사전의 내용 구성이 한국어 교육과정에 맞게 만들어지거나 교육 자료로 만들어지지 않았으며, 학습자의 사전 이용도 자율에 맡겨지고 있기 때문이다. 이는 학습자가 사전을 이용할 때, 사전에 내재된 한국어의 어휘 체계나 문법, 화용 관련 지식을 익히기보다 낱낱의 어휘 의미를 이해하는 것에 그치게 되므로 어휘가 사용되는 언어적 환경을 고려하지 않은 오류를 발생하게 하는 소지가 된다.

본고에서는 효율적인 어휘 학습을 위하여 사전의 활성화를 도모하여야 하며, 이를 위해서는 '사전한국어'와 같은 사전과 관련된 지식을 전수하는 교과목을 설정할 필요성을 제기하였다. 이러한 필요성은 다음과 같이 정리될 수 있다. 첫째, 학습자가 사전에서 기술된 정보를 제대로 획득하지 못하여 나타나는 오류를 예방하기 위한 사전 장치로 교육의 방법론적 측면에서 그 필요성이 제기된다. 둘째, 사전을 이용하여 한국어의 이해 능력과 표현 능력을 향상시키는 실천 경험은 교육이 끝나고 학습자가 스스로 학습을 이어가게

할 수 있는 내면적 학습방법을 전수한다는 교육의 전략적 측면에서도 그 필요성이 제기된다. 셋째, 교육의 효율적 측면에서 사전에 관련된 지식은 어휘론과 문법론, 의미론에 걸친 통합 지식을 사전 이용이라는 실천적 경험을 통해서 배우게 되므로 다른 교과목과의 유기적인 구성을 이루게 되며, 이는 학습자의 인지 능력과 기억 능력을 최대한 발휘시켜 학습의 효율을 기대할 수 있다는 데 의의가 있을 것이다. 그러나 한국어 교육에서 설정되어야 하는 사전과 관련된 지식 내용 및 구체적 교수-학습방법에 대한 논의가 심층적으로 전개되어야 할 것이다.

참고 문헌

김광해(1997), 국어지식 교육론. 서울대학교, 출판부.

민현식 외(2002), "한국어 교육 전공 발전 방안에 대한 연구", 先清語文 제30집(95~181).

백봉자(2003), 외국어 학습 과정과 한국어 학습 사전,『한국어 교육과 학습 사전』, 한국문화사.

유석훈(2003), 영어 학습 사전의 현황,『한국어 교육과 학습 사전』, 한국문화사.

이현희·박미영(2011), "어휘 교육을 위한 전자사전의 활용 방안."「<고려대 한국어대사전>과 사전학」. 319~357.

정경재(2011), "결합 정보 상세화의 필요성과 방향."「<고려대 한국어대사전>과 사전학」. 427~448.

정연숙(2009), 한국어 학습 사전의 내용 구조, 도서출판 역락.

조현용(2000), 한국어 어휘 교육 연구, 도서출판 박이정.

홍종선 외(2009), 국어사전학 개론, 제이앤씨.

野間秀樹(2003), 일본어 모어 화자 학습자를 위한 한국어 기초 학습 어휘 선정과 제시 방법,『한국어 교육과 학습 사전』, 한국문화사.

何善芬(2002),『英汉语言对比研究』, 上海外语教育出版社.

참고 사전

고려대학교 민족문화연구소(수정판) 편(2004), 中韩辞典.

국립국어원 편(2011), 표준국어대사전, www.korean.go.kr.

김하수 외(2007), 한국어 교육을 위한 한국어 연어 사전, 커뮤니케이션북스.

서상규 외(2006), 외국인을 위한 한국어 학습 사전, 신원프라임.
연세언어정보연구원 편(1998), 연세 한국어 사전. (주)진명출판사 편
    (2000), 韓中辭典.
崔正洵(2004),『初級韓国语学习词典』, 周玉波译, 民族出版社。

제2장
코퍼스를 활용한 연어 정보 기술

1. 도입

한 개의 어휘는 그가 지니는 문법적 특징 및 의미적 특징에 따라 문장에서 다른 단어와 공기하면서 다양한 문맥적 의미를 보여준다. 문장 내부에서 낱말이 다른 낱말과 필연적인 연관을 맺고 있는 것을 단어 간의 연어 현상(collocation)(김광해, 2003:228)으로 보는데, 코퍼스를 활용하여 이러한 연어 정보를 분석할 수 있다. 연어 정보는 표제어의 문법적 의미와 문맥적 의미를 한 눈에 익힐 수 있어 외국인 학습자를 위한 학습 사전의 기술에 반영할 수 있다. 현재 어휘의 결합정보에 관심이 쏠리고 외국인 학습자를 위한 어휘 결합정보 사전이 출간되기도(「한국어 교육을 위한 한국어 연어 사전」, 김하수 외. 2007) 하는 것도 코퍼스 자료에서 연어 정보를 찾아 사전 기술에 활용한 사례로 볼 수 있다.

여기에서는 명사가 어느 특정한 동사와 잘 어울려 쓰이는 공기 관계를 나타낸 구조를 연어 관계로(홍종선 외, 2011:156) 보고, 코퍼스 자료를 통하여 한 개의 명사가 어떤 단어와 자주 공존하는지를 분석하여, 명사의 연어 정보를 사전 기술에 반영하는 방안을 검토하고자 한다.

한국어 어휘 중에는 전체 학습용 어휘 중 반 이상을 차지하는 명사11) 가 있는데, 명사는 사물의 이름을 나타내는 품사로 기타 동사나 형용사와 같은 품사보다 상대적으로 이해하기 쉬운 품사이면서 주어나 목적어, 보어와 같이 문장에서 근간을 이루는 주요 성분 중의 하나이다. 따라서 명사를 중심으로 연어 정보를 제시하는 것은 명사의 언어적 환경뿐만 아니라 명사와 공기하는 기타 단어를 포함하여 하나의 어휘 단위로 인지할 수 있게 하므로 학습자의 어휘량(vocabulary size)을 확장시키는 중요한 경로가 될 것이다.

2. 연어 정보 기술의 필요성

한국어를 잘하는 학습자는 그렇지 못한 학습자에 비해 어휘력이 좋기 마련이다. 여기에서 말하는 어휘력은 단순히 단어를 기억한 수량을 가리키는 것이 아니라 단어를 조합하여 이루어진 말을 잘

---

11) 국립국어연구원(2003)에서 선정한 한국어 학습용 어휘를 보면, 총 5965개의 어휘 중 고유명사, 대명사, 의존 명사를 제외한 일반명사의 어휘 수는 3404개로 전체 어휘 수의 절반 이상을 점한다.

이해하거나 잘 표현하여 의사소통을 원활히 하는 능력을 말하는 것이다. 따라서 어휘의 사용 지식에서는 단어를 얼마나 기억하느냐 보다는 단어를 어떻게 조합하느냐와 관련된 문법 지식이 더 중요하다고 하겠다.

민현식(2008)에서 지적하였듯이 1990년대 이래 문법 교육을 강화하여야 한다는 추세에 따라 문법 교육을 의사소통 중심 접근법에 통합하여 강화하는 교육과정을 '문법 기반 기능 통합 교육과정'으로 부를 수 있으며, Larsen-Freeman이 제안한 '문법 형식(form)-의미(meaning)-사용(use)'의 3차원적 교수 학습 모형을 문법 기반 기능 통합의 거시적 중심 원리로 볼 수 있다. 이에 따라 단어와 단어의 조합은 일정한 문법적 형식과 그에 따른 일정한 의미를 나타내며, 구체적 담화의 사용 맥락에서 기능하는 것으로 볼 수 있으며, 이는 문법 형식의 정확성, 전달 의미의 유의미성, 사용 장면에서의 적절성을 함양하는 (민현식, 2008. 272) 언어 능력의 목표와 일치하다.

현재 특정 언어권 학습자를 대상으로 하는 한국어 교육에서 제시되는 어휘 단위는 낱말 단위가 대부분이고 낱말의 의미를 학습자의 모어로 대역하는 것이 일반적이다. 이는 교실수업이나 교재와 같은 제한된 시간과 공간에서 어휘를 쉽고 빠르게 전수하는 방법이기도 하며, 어휘의 최소 단위인 어휘 형태소에 대한 기초 지식을 배우게 되므로 중·고급단계에서 나타나는 연어, 관용구와 같은 어휘 결합 형태 학습의 바탕지식을 쌓는다는 점에서 긍정적이다. 문제는 연어, 관용구와 같은 단어 간의 공기 관계에 대해서는 문형이나 어휘 확장이라는 개념으로 묶어 띄엄띄엄 제시하므로 체계적인 학습이 이루어지지 않고 있다는 점이다. 학습자가 낱말의 발음, 형태, 의미, 품사와 같은 기초 지식을 바탕으로 단어를 자유자재로 사용하기 위해서는 단어의 연어 관계를 체계적으로 파악할 필요가 있다. 최근 몇 년간 출간된 사전에서 표제어의 연어 정보를 자세히 기술한 것은 교실 수업이나 교재를 통한 학습에서 미흡했던 단어의 연어 관계를 사전을 통해 보여 준 것으로 어휘력 향상에 적극적인 영향을 줄 것으로 기대된다.

연어 정보를 자세히 다룬 학습 사전으로는「한국어 교육을 위한 연어 사전」(김하수 외 2007)나「외국인을 위한 한국어 학습 사전」(서상규 외 2006) 등이 있다. 특히「한국어 교육을 위한 연어 사전」은 기존의 학습 사전이 표제어의 의미를 설명하기 위하여 여러 가지 미시 정보를 제시한 것과는 달리 표제어와 다른 단어 간의 공기 관계를 통해 표제어 관련 정보를 기술함으로 어휘 층위에서의 의미뿐만 아니라 구, 문장, 나아가 표현 층위에서의 실제 사용 양상을 보여 주었으며, 표제어와 공기 관계에 놓인 단어까지를 습득할 수 있는 학습 확대의 효과를 기대할 수 있다고 보아진다. 또한 뜻풀이로 완전한 설명이 어려운 의미를 연어 관계를 통해 분명하게 보여줌으로써 외국인 학습자들이 보다 정확하게 표제어를 이해하고 실제 사용에 응용할 수 있는 정보를 획득할 수 있을 것이다.

사전에서 연어 정보를 자세히 다루어야 할 필요성은 또한 학습자의 사전 이용에서 나타나는 오류를 예방하기 위함이다. 학습자는 쓰기와 같은 표현을 위하여 사전을 더 많이 이용하는데, 이는 낱낱의 단어를 이해하고 기억하는 것보다 단어를 조합하여 구 단위,

문장 단위로 사용하기 위하여 사전을 더 많이 이용한다는 설명이 된다. 사전 이용에서 나타나는 학습자의 오류는 말하기와 쓰기 같은 표현영역에서 자주 보인다. 예컨대, "…묘미 많은 일출도 볼 수 있다12)"라는 문장을 산출하는 것은 명사 "묘미"에 대해 '미묘한 재미나 흥취'라는 어휘적 의미만을 이해하고 사용했기 때문이며, "묘미"와 자주 공존하는 어휘결합 관계 정보를 파악하지 못했기 때문이다. 즉, 한국어의 "묘미"는 "많다"라는 형용사와 공기하지 못하는데, 학습자는 이러한 어휘결합정보에 대한 지식을 획득하지 못했기 때문에 어색한 표현을 만들어 내게 된다.

사전에서 해당 표제어가 어떤 단어와 공기할 수 있으며, 어떠한 문맥적 의미를 구현하는지를 보여주는 것은 결국 낱낱의 단어에 대한 이해를 넘어 단어를 조합하여 사용할 수 있는 정보가 되며, 이러한 연어 정보는 사전 이용에서 발생하는 오류를 줄이고 한국어를 정확하게 사용할 수 있는 사전 장치를 마련하기 위한 관점에서도 그 필요성을 찾을 수 있다고 하겠다.

3. 코퍼스를 활용한 연어 선정 방법

한 개의 낱말이 다른 낱말과 의미적으로나 어떤 요인에 의하여 연관되어 있다는 어휘장 이론의 관점을 인정한다면, 두 개 이상의

---

12) 중앙민족대학교 10년급 한국어전공 학생이 수업시간에 만든 예문임.

단어가 공시적으로 결합하여 나타나는 관계를 연어 관계로 볼 수 있을 것이다. 그렇다면 단어 간의 공기 관계에 대하여 어떤 것을 연어 관계로 처리할 것인지를 우선 확인해야 할 것이다. 예를 들면 명사 '눈(眼睛, 眼光)'을 중심으로 '눈이+높다/ 크다/작다/예쁘다/맑다', '눈을+뜨다/감다/맞추다', '눈에+익다/띄다/들다/나다' 등의 표현들은 각각 'N(-이, -을, -에)+V'의 구성을 이루는데, 이러한 구성에서 명사는 뒤에 '-이, -을, -에'와 같은 조사를 취하며, 조사를 매개로 서술어와 결합하여 문맥적 의미를 드러낸다[13]. 말하자면 '눈'이 주격조가 '-이'를 취할 경우 '높다, 크다, 작다, 예쁘다'와 같은 형용사와 공존하며, 그렇지 않고 보조격 조사 '-에'를 취할 경우에는 '익다, 띄다, 들다, 나다'와 같은 동사와 공존하게 된다는 것이다. 한국어 모어 화자라면 이러한 단어의 공기 관계를 자연스럽게 사용할 수 있는 직관이 있으나 외국인일 경우에는 학습을 통하여 숙지하여야 하기 때문에 효율적인 학습방법을 고안하여야 한다. 외국인을 위한 한국어 교육에서는 연어, 관용구와 같이 단어와 단어 사이에 틈이 없는 높은 긴밀도를 나타내는 관계뿐만 아니라 긴밀도는 낮지만 자주 공기하는 관계까지를 모두 연어 관계로 포함하여 제시하는 것이 어휘 학습에 도움이 될 것이다. 왜냐하면 외국인에게

---

13) 한국어의 조사는 선행 체언과 서술어와의 문법 관계를 나타내는 문법형태로서 전통적으로 통사적인 기능과 의미적인 기능이 동시에 고려되어 왔다. 본고에서는 명사를 중심으로 명사 뒤에 나타나는 조사의 표면적인 결합 형태에 초점을 맞추어 논의를 진행한다.

굳어진 연어 관계와 굳어진 관계는 아니지만 자주 공기하여 나타나는 관계를 구별하여 제시하는 것은 학습자에게 혼돈을 주어 부담만 가중시키는 격이 되며 어휘 학습에 역 효과를 초래하기 때문이다.

코퍼스 구축은 핵심어를 중심으로 가까운 거리에 위치한 단어들의 공기 형태를 짧은 시간에 쉽게 추출할 수 있는 가능성을 열어 주었다. 가령 '올림픽'이라는 명사를 제시할 때, 우리는 올림픽의 유래나 성격과 같은 개념을 설명할 필요가 없이 학습자의 모국어로 대역하여 제시하는 것이 가장 생산적이나, 이러한 의미의 대역만으로 학습자가 어휘를 사용함에 있어서 정확성을 기대하기는 어렵다. 언어사용을 위해서는 '올림픽'이 사용되는 언어적 환경을 같이 제시해야 하는데, '올림픽을 개최하다 / 유치하다', '올림픽이 열리다', '올림픽에 참가하다'와 같이 '올림픽'과 다른 단어와의 문법적 결합 관계를 보여주어야 하며, 이들의 용례를 통해 구체적인 사용을 보여주는 것이 중요하다.

명사의 연어 관계는 조사와 같은 의존적인 문법형태소와의 관계에서뿐만 아니라 자립적인 어휘형태소와의 공기관계에 의해서도 나타나는데, 이같이 둘 이상의 단어 간 결합 형태인 어휘 덩어리(lexical chunks)를 학습 사전에서 하나의 표제어 단위로 제시한다면 교실 수업에서 낱말 단위로 학습한 어휘 지식을 바탕으로 단어 간의 결합 형태를 하나의 어휘 단위로 인지하게 하는 교육 자료로서의 역할을 하게 될 것이며, 학습자의 어휘력 향상에 적극적인 영향을 줄 것이다. 명사를 중심으로 연어 관계를 제시하는 것은 첫째, 개별 낱말의 어휘-문법적 정보를 통합하여 제시하므로 학습자가 보다 쉽게 실제 언어사용에 응용할 수 있다는 점에서 의의가 있으며; 둘째, 명사를 중심으로 구성되는 결합 형태는 상대적으로 난이도가 높은 동사나 형용사를 좀 더 쉽게 이해할 수 있다는 구조적 장점을 가지므로 어휘 학습의 효율적 측면에서도 의의를 찾을 수 있다. 예컨대, "유치하다"를 중국어로 번역할 경우 목적어와의 결합에 따라 각각 "申办(올림픽을 유치하다)", "引进(외자를 유치하다)", "吸引(관광객을 유치하다)"로 대역되므로 목적어를 배제한 동사 하나를 놓고 그 의미를 명확하게 설명하기에는 미흡하다. 이에 비하여 "올림픽을 유치하다"와 같은 명사의 결합 형태를 하나의 단위로 제시한다면 학습자는 어휘 덩어리를 통째로 인지하므로 동사를 따로 제시하고 설명하는 것보다 쉬운 전수 방법이 된다고 하겠다.

명사를 중심으로 한 연어 관계를 체계적인 하나의 교육 단위로 제시하기 위해서는 명사와 공기하는 단어를 선정하는 방법을 구안하여야 한다. 이를 위해서는 우선 명사결합 형태의 특징이 무엇인지를 파악하고, 그 특징을 기반으로 코퍼스에서 연어 관계를 추출하는 방법을 검토해야 할 것이다.

(1) 어휘-문법의 통합 구성

명사의 공기 관계는 명사와 다른 단어가 의미적으로 호응하여 나타나는 문법적 구성을 말한다. 서승현(2002)에서는 '명사-조사-용언'의 형식을 긴밀형식이라고 지칭하고 이 구문의 특징을 명사만도 아니고 용언만도 아닌 '명사-조사-용언'의 긴밀 형식이 결정한다고 하였다. 본고에서는 코퍼스에서 명사의 연어 정보를 추출하기 위한 목적이므로 명사를 핵심어로 삼고 한 문장 속에서 핵심어와 문법적인 관계를 이루는 단어들의 공기 관계에 대해 논의할 것이다. 이러한 관점은 이동혁(2007:60~63)에서도 주장하였듯이 핵심어와의 문법적인 관계를 이루는 단어들이 핵심어에 대해서 연어가 될 수 있는 후보가 되는데, 가령 어떠한 명사를 핵심어로 삼는다면, 한 문장 안에서 그 명사를 주어로 삼는 동사 서술어, 그 명사를 보어로 삼는 동사 서술어, 그 명사의 수식어 등이 핵심어에 대한 연어가 될 수 있다.

명사를 핵심어로 하는 공기 관계에는 명사와 서술어가 연결되어 구성된 형태, 수식어와 명사가 연결되어 구성된 형태가 포함된다. 명사가 서술어와 연결될 때는 뒤에 격조사와 같은 문법 형태소를 취하게 되는데, 명사에 후행하는 격조사에는 주격, 목적격, 보격과 같은 구조격 조사와 부사격 조사가 있는데, 주격조사 '-가/-이, -에서, -께서, -서'는 선행 명사가 문장 안에서 서술어의 주어임을 표시하며, 목적격 조사 '-를/을'은 선행 명사가 문장 안에서 서술어의 목적어임을 표시한다.

보격조사 '-가/-이'는 선행 명사가 문장 안에서 보어임을 표시하는데, 보통 '아니다', '되다'와 호응하여 나타난다. 그리고 문장 안에서 선행 명사가 부사어임을 나타내는 '-에, -에게, -에서, -로/-으로, -와/-과, -처럼, -보다, …'등 부사격 조사는 처소, 자격, 원인, 때의 의미를 나타낸다. 이처럼 명사가 격조사와 연결되어 문장 안에서 서술어와 맺는 다양한 관계를 도표로 정리하여 보이자면 다음과 같다.

[표 1] 명사와 서술어의 공기 양상

명사+문법 표지	문법 관계
명사 +-가/-이	주어+서술어
명사+-를/-을	목적어+서술어
명사+-에, -에게, -에서, -로, -처럼 …	부사어+서술어
명사+-가/-이	보어+서술어

다음으로 명사는 문장에서 다른 성분의 수식을 받는 대상이 될 경우, 앞에 관형사나 관형사형 어미, 관형격 조사 '-의'가 나타나는데, 이들의 결합 형태로는 '관형사+명사 ', '-ㄴ/-는/ -은+명사', '명사+의+명사'의 구성이 있다.

[표 2] 관형어와 명사의 공기 양상

문법 관계	문법 표지+명사
관형사	0+명사
동사, 형용사의 관형사형	-ㄴ/-은/-는+명사
명사, 명사형	-의+명사

이상과 같이 명사는 문장에서 후행어인 서술어와 선행어인 관형어와 공기할 때에는 격 표지나 어미와 같은 문법 요소를 매개로 취하게 된다. 이 외에 문법 요소가 없이 다른 단어와 직접 연결되어 나타나는 관계가 있다.

[표 3] 문장에서의 명사의 공기 관계

결합종류	선행어	문법요소	후행어
①		명사+-가/-이	서술어
②		명사+-를/-을	서술어
③		명사 +-에/-에게/-에서/-로/-처럼 …	서술어
④	관형어	-의+명사	
⑤	관형어	-ㄴ/-은/-는+명사	
⑥	관형어	0+명사	

[표 3]은 명사가 선행어 및 후행어와 연결되어 나타나는 공기 관계를 여섯 가지로 나누어 제시한 것이다. 이 중 ⑥의 형태는 아무런 문법 요소의 개입이 없이 관형사와 직접 연결되어 나타난 형태가 되며, 나머지 형태들은 모두 문법 요소를 매개로 공기 관계가 이루어진다.

명사를 핵심어로 앞과 뒤에 나타나는 이러한 공기 양상은 코퍼스에서 명사의 연어 정보를 추출하는 방법으로 삼을 수 있다. 즉, 명사에 선행하는 요소와 후행하는 요소를 기준으로 코퍼스에서 해당 어휘의 사용 양상을 체계적으로 선정할 수 있으며, 이러한 방법으로 추출된 공기 관계는 어휘적 의미와 문법적 의미를 연결시켜 설명할 수 있다는 데 의의가 있다.

코퍼스에서 명사의 공기 관계를 추출하여 형태 중심으로 관련정보를 배열하는 것은 기존의 사전에서 의미 중심으로 어휘 정보를 배열하는 것과는 다른 체계가 된다. 표제어의 의미를 단어 간의 연어 정보를 통하여 보여준 "한국어 교육을 위한 한국어 연어 사전"에서도 어휘적 의미를 중심으로 어휘 정보를 나누어 배열하였는데, 표제어 "조건"을 예로 보이자면 다음과 같다.

> 조건명사
> 1. [갖추어야 할 상태나 요소] condition, requirement
>   관+조건 객관적인 ~, 경제적인 ~, 근원적인 ~, 기본적인 ~, 충분한 ~, 특수한 ~, 편리한 ~, 구조적 ~, 국제적 ~, 문화적 ~, 물질적 ~, 사회적 ~, 심리적 ~, 국제적 ~, 외적 ~, 제도적 ~, 지리적 ~
>   명+조건 여러 가지 ~, 교역 ~, 교육 ~, 근로 ~, 기후 ~, 노동 ~, 농업 ~, 생활 ~, 선택 ~, 선행 ~, 인간 ~, 자연 ~
> 조건+명사 (조건)반사
>   조건+동(조건이) 맞다, 좋다, 충족되다,
>   (조건을) 갖추다, 구비하다, 내걸다, 내세우다, 만들다, 충족시키다,
>   (조건에) 영향을 받다.
>   예 (생략)
> 2. [일정한 일을 결정하기 위해 내 놓은 요구나 견해] condition, stipulation, term
>   관+조건 거창한 ~, 공평한 ~, 까다로운 ~, 불가피한 ~, 엄격한 ~, 유리한 ~, 필요한 ~
>   명+조건 결혼 ~, 계약 ~, 근무 ~, 매각 ~, 사업 ~, 요구 ~, 전제 ~, 채용 ~, 필수 ~, 필요 ~
>   조건+동 (조건이) 맞다, 없다, 있다, 좋다, 충족되다
>   (조건을) 내걸다, 내세우다, 달다, 붙이다,
>   완화하다, 제시하다, 충족시키다
>   예 (생략)

"한국어 교육을 위한 한국어 연어 사전"에서 제시한 표제어 "조건"의 정보 배열을 보면 먼저 어휘적 의미를 1.과 2.로 나눈 후 어휘적 의미에 따라 연어 정보를 기술하였다. 그 결과 "조건+동"에서 "(조건이) 맞다, 좋다, 충족되다", "(조건을) 내걸다, 내세우다, 충족시키다"가 1.에서와 2.에서 중복 나타나는데, 이는 외국인 학습자에게 혼란을 줄 수 있는 소지가 있다. 왜냐하면 "조건"을 중국어로 대역할 경우, 1.과 2.의 어휘적 의미는 모두 중국어의 "条件"14)에 대응되므로 의미 1.과 2.를 나누어 제시할 필요가 없게 된다. 그러므로 연어 구성을 하나의 표제어 단위로 제시하고 그에 대응하는 의미를 풀이하는 것이 형태 중심의 정보 배열이 되며, 학습자가 표제어의 내용 정보를 쉽게 획득할 수 있는 구성이 될 것이다.

(2) 공기 관계의 긴밀도

단어와 단어사이는 공시적으로 여러 가지 의미 관계를 맺고 있으며, 이러한 시각에서 단어 간 공기 관계는 대개 단어의 의미적 특징에서 비롯된다고 할 수 있는데, 명사와 다른 단어와의 공기 관계에

---

14) 『现代汉语词典』에서 기술된 "条件"을 보면 의미 ①과 ②는 각각 한국어 "조건"의 의미 1. 2. 에 대응한다.
【条件】tiáojiān 名
① 影响事物发生´存在或发展的因素：自然~|创造有利~° ② 为某事而提出的要求或定出的标准：讲~|他的~太高, 我无法答应° ③ 状况：他身体~很好|这个工厂~很好, 工人素质高, 设备也先进

서 결합 긴밀도가 높은 형태가 있는가하면 긴밀도가 낮은 형태도 있다. 가령 단어와 단어가 결합하여 특정의 의미를 나타내는 연어나 관용구와 같은 구성은 그 관계가 긴밀하여 구성 요소의 교체나 첨삭이 잘 허용되지 않으며, 그렇지 않고 중간에 부사어와 같은 기타 어휘 형태소의 출현을 허용하면서 의미적으로 호응하는 공기 관계는 자주 공기하여 나타나지만 긴밀도는 낮은 형태로 봐야 할 것이다. 또한 두 단어가 공기하더라도 일정한 의미를 구현하지 못한다면 이들은 결합 불가의 형태로 판정해야 한다.

예컨대, 한국어의 '해'라고 하는 낱말에는 모두 18개의 동음동형이의어가 있으며, 이들의 의미적 특징에 의하여 각각 다양한 결합 형태를 찾을 수 있다는 것이다. 이 중에서 태양의 의미를 나타내는 '해¹'를 예로 들면, 문장에서 명사와 의존명사로 쓰일 때 나타내는 의미가 다르고, 명사로 쓰일 경우에도 세 개의 의미로 나누어지는데, 사전에서 기술한 '해¹'의 의미를 「표준국어대사전」의 기술로 보이자면 다음과 같다.

해[01]

[Ⅰ]「명사」

「1」'태양[02]「1」'을 일상적으로 이르는 말.

「2」지구가 태양을 한 바퀴 도는 동안. 한 해는 열두 달로, 양력으로는 365.25일이고 음력으로는 354일이다.

「3」날이 밝아서 어두워질 때까지의 동안.

[Ⅱ] 「의존명사」

(주로 고유어 수 뒤에 쓰여)

지구가 태양을 한 바퀴 도는 동안을 세는 단위.

위에서 기술된 것처럼 '해'은 태양이라는 한 개의 고정적인 의미만 가지고 있는 것이 아니라 문맥에 따라 지구가 태양을 한 바퀴 도는 동안, 날이 밝아서 어두워질 때까지의 동안, 지구가 태양을 한 바퀴 도는 동안을 세는 단위 등으로 쓰인다. 여기에서 '해'의 의미를 어휘 결합 형태를 통하여 구체적으로 제시하여 보이자면 아래의 [표 4]와 같다.

[표 4] 명사 '해'의 문맥적 의미

문법적 구성	결합 형태	말뭉치에서의 용례	'해'의 문맥적 의미
명+술	해가 가다	해가 갈수록 식구들이 불어났어요.	[Ⅰ]의 「2」
명+술	(관형어)+ 해가 되다	…기묘년은 단연 정치의 해가 될 것이다.	[Ⅰ]의 「2」
명+술	해가 비치다	아침에는 해가 저쪽으로 비치기 때문이지요	[Ⅰ]의 「1」
명+술	해를 넘기다	혼례를 올리고 그의 아내가 된 이후 벌써 해를 넘겼지만, 아직도 그를 보면 가슴이 쿵쾅거렸다.	[Ⅰ]의 「2」
명+술	해를 등지다	해를 등진 그녀의 갈색 머리칼은 엉망으로 헝클어졌고 …	[Ⅰ]의 「1」

관+명	한 해	새로운 한 해가 시작된다.	[Ⅱ]
관+명	여러 해	한 가지씩 터득하는 데 여러 날 여러 해가 걸렸다.	[Ⅱ]
관용 표현	해가 서쪽에서 뜨다	"자네가 자신 있게 의견을 얘기하다니, 내일부터 해가 서쪽에서 뜨겠어."	[Ⅰ]의 「1」

[표 4]는 '해'의 문맥적 의미를 고찰하기 위하여 SJ-RIKS Corpus에서 대표적인 공기 관계를 뽑아 제시한 것인데, "해가 서쪽에서 뜨다"와 같이 굳어진 문법구조에 의하여 특수한 의미를 보이는 긴밀 형태가 있고, '해가 (저쪽으로) 비치다'처럼 중간에 부사어가 위치할 수 있는 자리가 있어 긴밀도가 낮은 일반 형태가 있다. 또한 '해'은 '되다'나 '입다'와 같은 동사와는 결합하지 못한다. 따라서 이러한 공기 관계를 단어 사이의 긴밀도에 따라 긴밀 형태, 일반 형태, 공기 불가 형태 등 세 가지로 나누어 선정할 수 있으며, 구체적으로 다음과 같이 설명할 수 있을 것이다.

첫째, 긴밀 형태는 표제어와 다른 단어가 특정의 문법구조에 의하여 굳어진 형태를 보이므로 기타 단어나 문법형태소로 대체가 불가하며, 문장 전체가 단어 간의 의미의 합이 아닌 특수한 의미를 나타낸다.

둘째, 일반 형태는 표제어와 다른 단어가 일정한 문법 형태소를 매개로 결합되어 해당 표제어의 문맥적 의미를 나타내며, 이때 문법형태소의 생략이나 표제어와 결합된 단어 사이에 부사어와 같은 기타 성분의 출현이 허용되나 해당 표제어의 문맥적 의미는 변하지 않는다.

셋째, 결합 불가 형태는 표제어가 일정한 문법 형태소를 매개로 다른 단어와 문법적 공기 관계를 이루지만 단어 간의 의미적 호응이 없을 때, 이들 단어 간의 연어 관계는 성립하지 못하는 것으로 판정해야 할 것이다.

이상에서 어휘-문법적 특징과 긴밀도 특징에 명사의 연어 관계를 분석할 수 있음을 논의하였다.

4. 사전에서의 연어 정보 기술

사전에서 연어 정보를 기술함에 있어서 학습자가 쉽게 이해하고 한 눈에 정보를 획득할 수 있는 구조를 만들도록 노력해야 하는데, 간단한 구조에서 복잡한 구조로 기술하는 것이 무분별하게 정보를 나열하는 것보다 학습자의 이해에 도움이 될 것이다. 따라서 연어 정보를 단어 층위, 구 층위, 표현 층위 등 세 개의 점진적 단계로 구성할 수 있는데, 단어 층위에서는 '표제어+명사'의 구성, 구 층위에서는 '표제어+서술어', '수식어+ 표제어' 구성, 그리고 숙어와 속담 같은 표현 층위 등 세 개의 단계로 나누어 제시할 수 있다. 단어 층위에서의 연어 관계는 문법 형태소의 개입이 없이 명사와 자립적인 어휘 형태소가 직접 연결되어 하나의 단어처럼 인식되는 구성을 말하며, 구 층위에서의 언어 관계는 문법 형태소를 매개로 두 개 이상의 단어가 연결된 구성이 되며, 표현 층위에서의 언어 관계는 속담이나 관용구처럼 두 개 이상의 단어로 이루어졌으며 단어들의 의미만으로는 전체의 의미를 알 수 없는 특수한 의미를 지니는 관형화된 구성이 된다.

1) '명사+명사'의 구성

'명사+명사'의 구성에는 아예 한 단어로 굳어서 합성명사를 이룬 경우와, 붙어서 자주 쓰이지만 구성 요소의 의미를 합하여 전체의 의미를 쉽게 파악할 수 있는 것이 있는데, 명사 '감기'를 예로 보이자면 다음과 같다.

감기
- ◉ 감기-N : 감기약
- ◉ 감기+N : 감기 기운, 감기 몸살, 감기 바이러스, 감기 증상, 감기 환자

'감기약'은 '감기'와 '약'이 합성하여 이루어진 합성명사가 되며, 기타 '기운, 몸살, 바이러스, 증상, 환자'등은 '감기' 뒤에 붙어 의미를 더해 주는 구성이 '명사+명사'의 구성이 된다. 이처럼 단어 층위에서의 공기 관계는 명사와 다른 명사가 직접 연결되어 하나의 명사 기능을 하는 구성이 되는데, 이러한 구성은 표제어의 어휘적 의미를 이해하는 데 도움이 될 것이다.

2) '명사+서술어', '관형어+명사'의 구성

명사가 다른 단어와 의미적으로 호응하여 나타내는 연어 관계에는 '명사+서술어', '관형어+명사' 구성이 있다. 말하자면 명사는 문장에서 격조사와 같은 문법 형태소를 동반하여 서술어 앞에 나타나거나 관형사 또는 관형형어미를 전제로 하는 관형어 뒤에 나타나면서 다른 단어와 공기한다. 따라서 명사를 동반하는 격조사를 중심으로 연어 관계를 나열한다면 명사의 연어 정보를 체계적으로 보여줄 수 있는 구성이 될 것이며, 해당 표제어의 문법적 특징을 반영한 기술이 된다고 하겠다.

명사는 문장에서 주어나 목적어, 보어의 기능을 하면서 서술어 또는 관형어와 결합하는데, 이때 이들의 문법적 결합 관계를 표시하는 격조사로는 대개 주격 조사, 서술격 조사, 목적격 조사, 보격 조사, 관형격 조사, 부사격 조사, 호격 조사 따위가 있다([표 3]을 참조). 이 중 서술격 조사와 호격 조사는 각각 명사를 서술어 자격으로 만들어 주거나 독립어가 되게 하므로 명사와 기타 성분과의 공기 관계를 보이지는 않는다. 그리고 관형격 조사 역시 명사와 명사 사이의 속격을 나타내는 격조사이므로 명사와 동사, 형용사와 같은 다른 품사와의 공기 관계를 나타내지 않기에 이를 배제한 나머지 다섯 개의 격조사가 명사 뒤에 붙어 다른 문장 성분과의 공기 관계를 보여준다고 할 수 있다.

다음으로 명사는 문장에서 다른 성분의 수식을 받는 대상이 될 경우, 관형사나 관형사형 어미로 나타나는 용언과 공기 관계를 보이는데, 이들 관계를 나타내는 문법적 형태로는 "관형사+명사", "-ㄴ

/ -는 / -은+명사"의 구조가 있다.

아래에 '감기'를 표제어로 코퍼스에서 연어 정보를 검색한 예시를 보이자면 다음과 같다.

◉ 감기 +서술어

감기가 ~

감기가 걸리다 // 겨울철에는 감기가 잘 걸린다.

감기가 낫다 // 감기가 안 나으셨어요?

감기가 들다 // 아침에 일어나보니 급기야 감기가 들어 있었다.

감기가 떠나다 // 여름 내내 감기가 떠날 날이 없었다.

감기가 떨어지다 // 난 1년 내내 감기가 떨어질 날이 없다.

감기가 유행하다 //이런 날씨에 감기가 유행해서 반 학생의 절반이 결석했다.

감기를 ~

감기를 앓다 // 유행성인지 며칠 전부터 김 선생도 감기를 앓고 있었다.

감기를 예방하다 // 감기를 예방하기 위해서는 '환기, 씻기, 푹 자기'가 중요하다.

감기를 치료하다 // 이 약은 감기를 치료하는 데 효과가 좋다.

감기에 ~

감기에 걸리다 // 평소에 감기에 잘 걸립니까?

감기에 들다 // 그는 내가 감기에 들까 봐 걱정한다.

감기에 좋다 // 요즘 감기에 좋다는 생강차을 마시고 있어요.

감기로 ~

감기로 앓다 // 엄마는 감기로 앓는 동생에게 죽을 끓여 먹였다.

● 관형어+감기

가벼운 감기 // 콧물이 나는 가벼운 감기정도예요.

지독한 감기 // 며칠 동안 지독한 감기로 집에서 쉬었어요.

유행성 감기 // 이런 날씨에 유행성 감기를 조심하여야 합니다.

코퍼스에서 명사의 연어 관계를 추출할 때, 다음과 같은 과정으로 진행된다.

첫째, 해당 명사를 형태소 단위로 검색하여 격조사와의 출현 양상을 파악한다.

둘째, '표제어+격조사'를 어절 단위, 전방 일치 형태로 용례를 검색한다.

셋째, 출현 용례 중에서 '표제어+격조사' 어절을 중심으로 앞과 뒤에 자주 나타나는 어휘를 선정한다.

넷째, 출현 빈도가 높은 구성과 연구자의 교육 현장 경험을 바탕으로 코퍼스에서 선정한 공기 관계를 검토한다.

3) 관용 표현

관용 표현은 말 그대로 습관적으로 사용되는 표현으로서 여기에는 관용구, 속담 등을 포함한다. 관용구는 '두 개 이상의 단어로 이루어져 있으면서 그 단어들의 의미만으로는 전체의 의미를 알 수 없는, 특수한 의미를 나타내는 어구(語句)'를 말하며. 속담은 '예로부터 민간에 전하여 오는 쉬운 격언이나 잠언'을 가리킨다. 관용표현은 오랫동안 써서 굳어진 표현으로 단어 개별적 의미를 합해도 전체의 뜻을 알 수 없으므로 사전에서 어휘 복합체의 비유적 의미, 문화적 의미를 기술하는 것이 필요하다. 특히 의미적 중의성을 가지는 관용구는 학습자들이 일반구와 변별하여 중의성을 해소할 수 있도록 일반구와 숙어를 각각 보여줄 필요가 있으며, 구체적 용례를 통하여 의미구별을 확인시켜 주는 것이 좋다.

예를 들자면 '벽을 쌓다'나 '벽에 부딪치다'일 경우 각각 일반구와 속담으로 사용되는데, 이 때 적합한 용례를 제시하여 이들의 차이를 보여줄 수 있다.

◉ 벽+V
벽을 쌓다 // 검붉은 벽돌로 벽을 쌓은 부엌 뒤쪽에서 그 인기척은
　　　　　　 들려왔다.
벽에 부딪치다 // 벽에 부딪친 물 컵은 산산조각이 났다.
◉ 慣
벽을 쌓다 // 그래서 아버지와의 거리감이 생기고 아버지와 나 사이에
　　　　　　 벽을 쌓았다.
벽에 부딪치다 // 그러나 그것은 출발에서부터 벽에 부딪치고 말았다.

코퍼스에서 해당 표제어가 나타난 대표적인 용례를 선정하여 제시하는 것은 단어의 문맥적 의미를 실제 용례를 통해 쉽게 구별할 수 있게 하므로 의미 기술만큼 중요하다고 할 수 있다. 코퍼스를

이용한 용례 선정에서는 다음과 같은 몇 가지를 고려하여야 할 것이다.

첫째, 연어의 뜻풀이에 적합한지를 고려하여야 한다.

둘째, 용례는 온전한 문장으로 제시하는 것이 좋지만 과다한 어휘의 사용을 절제하여 학습자의 이해 부담을 줄이는 것도 고려해야 하므로 문장에서 접사나 수식어, 병렬구를 삭제하여야 할 것이다.

예를 들자면,

책임을 느끼다 // (*우리를 낳아서 길러 주신*)부모님에게 보답하기 위한 책임을 느껴야 함은 너무도 당연한 일이다.

책임이 막중하다 // (*따라서*) 수사를 맡은 검찰의 책임이 막중하다.

책임을 회피하다 // 그 가운데엔 (*비교적 성실한 증언이나 답변을 준 경우도 있었으며,*)

시종일관 책임을 회피하는 인상을 남긴 증인도 있었다.

책임이 따르다 // (*그러나*) 이 자유에는 스스로의 책임이 따라야 합니다.

위의 용례에서 ( )의 내용처럼 표제어가 아닌 단어를 수식하거나 표제어가 핵심을 이루지 않는 병렬문, 접속사 등은 생략하는 것이 이해의 부담을 줄일 수 있다.

셋째, 주어가 생략되어도 표제어의 쓰임에 영향을 주지 않을 경우, 주어를 생략한다.

넷째, 비슷한 용례 중에서 학습자의 생활과 관련이 있는 내용을 우선시해야 할 것이다.

이 외에도 사전의 특징에 따라 용례 선정의 기준을 더 세밀하게 마련해야 할 것이다.

5. 요약

코퍼스 자료를 이용하여 한 개의 단어가 어떤 단어와 자주 공존하여 나타나는지를 분석할 수 있고, 이러한 분석은 해당 단어의 문법적인 환경을 자세히 보여줄 수 있다는 점에서 사전 기술에 활용할 수 있다. 본고에서는 명사를 중심으로 코퍼스 용례에 나타난 연어 관계를 선정하는 방법과 이를 사전에 기술하기 위한 방안을 검토하였다.

명사는 한국어 어휘의 반 이상을 차지하며, 문장에서 주어나 목적어, 보어와 같은 핵심성분 중의 하나로 격조사를 매개로 다양한 공기 관계를 이룬다. 이는 동사나 형용사와 같은 활용이 있는 용언을 중심으로 공기 관계를 학습하는 것 보다 쉽고 체계적인 학습이 될 수 있는 구성이 된다. 문장에서 명사와 다른 단어와의 공기 관계는 어휘-문법적 특징과 긴밀도 특징에 따라 여섯 가지 유형으로 나누었으며, 이를 바탕으로 코퍼스에서 연어 구성을 선정하는 방법으로 활용하였다.

사전에서 연어 정보를 기술함에 있어서 간단한 구조에서 복잡한 구조로 기술하는 것이 학습자의 이해에 도움이 될 것이므로 연어 정보를 단어 층위, 구 층위, 표현 층위 등 세 개의 점진적 단계로 나누어 제시하는 구성을 설명하였다. 단어 층위에서는 '표제어+명사'의 구성, 구 층위에서는 '표제어+서술어', '수식어+ 표제어'의 구성, 그리고 숙어와 속담은 표현 층위에서 다룰 수 있다. 또한 코퍼스에서 해당 연어의 대표적인 용례를 뽑아 제시하는 것이 중요한데, 용례 선정 시 수동적인 가공을 거칠 필요가 있다.

참고 문헌

김광해(1993), 『국어 어휘론 개설』, 집문당.
_____(1997), 『국어지식 교육론』, 서울대학교, 출판부.
노마 히데키(2002), 『한국어 어휘와 문법의 상관구조』, 태학사.
민현식 외(2002), 「한국어 교육 전공 발전 방안에 대한 연구」, 先清語文 제30집, pp. 95~181.
_____ (2008), 「언어 기능의 통합 교육과정 구조화 방법론 연구」, 『국어교육연구』 제22집, pp. 261~334.
서승현(2002), 『국어의 형태·통사적 구성에 관한 연구-말뭉치에 나타난 '명사-조사-용언' 긴밀형식 구문을 중심으로』, 보고사.
시정곤 외(2000), 『논항구조란 무엇인가?』, 월인.
이동혁(2007), 『한국어 관용 표현의 정보화와 전산 처리』, 도서출판 역락.
이현희·박미영(2011), 「어휘 교육을 위한 전자사전의 활용 방안」, 『<고려대 한국어대사전>과 사전학』, 지식과 교양, pp. 319~357.
정경재(2011), 「결합정보 상세화의 필요성과 방향」, 『<고려대 한국어대사전>과 사전학』, 지식과 교양, pp. 427~448.
정연숙(2009), 『한국어 학습 사전의 내용 구조』, 도서출판 역락.
조현용(2000), 『한국어 어휘 교육 연구』, 도서출판 박이정.
차준경(2011), 「어휘 의미의 특징을 반영한 의미 기술-사건 명사의 다의를 중심으로」, 『<고려대 한국어대사전>과 사전학』, 지식과 교양, pp. 359~382.
최경봉(1998), 『국어 명사의 의미 연구』, 태학사.
홍종선 외(2011), 『국어사전학 개론』, 제이앤씨.
高燕(2008), 『对外汉语词汇教学』, 华东师范大学出版社.

참고 사전

국립국어원 편(2011), 『표준국어대사전』, www.korean.go.kr.
김하수 외(2007), 『한국어 교육을 위한 한국어 연어 사전』, 커뮤니케이션 북스.
서상규 외(2006), 『외국인을 위한 한국어 학습 사전』, 신원프라임.
연세언어정보연구원 편(1998), 『연세 한국어 사전』.

3부
언어사용 원리에 입각한 한국어 교육의 방향

제 1 장
다언어환경에서의 한국어 교육*

1. 도입

외국어로서의 한국어를 사용하는 사람은 한국어를 학습하는 사람에 비해 그 수가 적기 마련이다. 이는 외국어를 배운 후 사용하기까지는 언어의 사용 능력뿐만 아니라 언어사용의 사회적 환경, 개인의 외국어 사용 욕구 등 언어외적 요소가 작용하기 때문이다. 한국어 교육의 극대화를 위해서는 학습자 모두가 한국어 사용자로 전환되는 것이 바람직하지만 현실적으로 거의 불가능하다. 언어의 사용이 상대방과의 상호작용을 통하여 이루어진다고 할진대, 외국어 학습자가 사용자로 유지되기 위해서는 상대방의 역할이 필요함은 마땅하다. 본 연구는 언어사용 원리에 입각하여 한국어 학습자가 사용자로 유지되기 위해서는 교육의 입장에서 어떤 사전 장치가

---

* 이 논문은 "언어사용 원리에 입각한 한국어 교육의 과제"라는 제목으로 언어학 연구 Vol. 21(한국중원언어학회)에 게재된 내용을 보완하여 정리한 것이다.

필요한지, 그 이유는 무엇인지를 고찰하는 것이 목적이다. 이를 위해 외국어로서의 한국어 사용은 어떻게 이루어지며, 한국어의 언어사용 영역 및 역할은 무엇인지, 한국어 교육에서 언어사용 원리를 어떻게 적용할 것인지를 검토하고자 한다.

한국어는 한국인뿐만 아니라 재외 교포를 포함하여 외국인도 사용하는 언어이다. 특히 21세기 정보화시대에 미디어나 인터넷의 발달, 국제간 교류의 활성화, 외국인 거주자의 증가와 같은 현상은 외국어로서의 한국어 사용자 수를 증가시키고 있으며, 더 이상 한국에만 국한되지 않고 한국 외의 기타 지역에서도 그 사용을 가능케 하고 있어서 한국어 사용의 활성화를 기대하게 된다. 그러나 한국어 교육에서 한국어를 배우는 학습자의 규모에 비하여 교육이 끝나고 한국어를 사용하는 학습자는 날이 갈수록 줄어든다는 우려도 생긴다. 이는 언어의 사용은 교육 의지보다 사회적 수요에 의하여 결정되기 때문으로 받아들일 수 있는데, 언어의 사용 환경에 따라 언어 사용이 활성화되기도 하고, 정체되기도 하며 심지어 금지될 수도 있다. 외국어를 배우고 그 언어를 성공적으로 사용할 때, 교육의 효과는 더 크다고 할 수 있다.

외국어로서의 한국어 교육에서 교육자들이 선호하는 것은 한국어 능력의 상실 예방이나 보존보다는 한국어 사용 능력 양성에 무게를 두게 된다. 우리는 말하고, 듣고, 읽고, 쓰는 언어의 기능을 양성하는 데 더 심혈을 기울이며, 그 언어를 응용하여 실제 사용하는 것에는 교육이 끝난 후의 자율에 맡기는 것 같다는 고민을 해본다. 말하고, 듣고, 읽고, 쓰는 것 자체는 하나의 행위이긴 하지만 의사소통 행위는 아니며, 따라서 언어의 사용 기능을 배우는 것이 곧 언어의 사용으로 이어진다고 결론짓기는 현실과의 괴리가 존재한다. 아무리 한국어 의사소통능력을 잘 습득하였다고 해도 그 능력을 응용하는 사용이 없다면 언어 능력은 상실하기 마련이다.

2. 한국어 교육의 다언어환경

우리는 주위에서 모국어 외에 하나 또는 그 이상의 언어를 배우거나 구사하는 사람을 흔히 보게 된다. 혹자는 생존을 위하여, 혹자는 생활의 즐거움을 찾기 위하여, 혹자는 종교와 같은 의식세계를 추구하기 위하여 다언어학습자 또는 다언어사용자로 생활하고 있는 것이다. 모국어 하나만을 가지고 생활하는 사람에 비해 그 이상의 언어를 구사하는 사람은 삶이 더 충족할 것이라는 것은 일반적인 인식이며, 그래서 개인적 다언어화자는 증가하기 마련이다. 또한 우리가 사는 사회 역시 단일언어사회와 다언어사회가 존재하고 있다. 단일언어사회(monolingual speech community)는 다언어사회(multilingual speech community)와 상대되는 개념이다. 다시 말하자면 같은 모국어를 사용하는 사람들이 하나의 공동체를 이루고 한 가지 언어가 주도하는 언어생활을 한다면 이는 단일언어사회라고 할 수 있으며, 모국어가 서로 다른 사람들이 하나의 공동체 속에서 살아가면서 한 가지 이상의 언어가 각각의 고유 사용 영역 (domain)을 갖고 있는 사회는 다언어사회가 된다고 하겠다. 중국은 普通话가 표준 공용어이긴 하지만 소수민족 언어가 특정의 사용 영역을 가지고 있으므로 다언어사회로 보아야 할 것이며, 한국과 같은 경우는 한 가지 모국어를 사용하는 생활권으로 단일언어사회로 볼 수 있으나, 21세기 국제화 시대에 들어서면서 외국인 노동자 및 다문화 가정이 속속 나타나면서 외국어를 사용하는 특정 집단이 한국사회에 공존하게 되므로, 이는 다언어사회로 진입하고 있다고 보아야 마땅할 것이다. 여기에서 다른 언어를 사용하는 사람의 수량이나 사용 영역(또는 범위)을 어떤 기준으로 보느냐에 따라 여전히 단일언어 사회라고 볼 수도 있지만, 모국어가 각각 다른 사람들이 하나의 공동체를 이루고 삶을 영위해 나갈 때 언어사회의 단일성은 희석해지기 마련이다.

(1) 학습자의 다언어능력

한국어 교육이 진행되는 환경은 크게 한국 내와 한국 외로 나누어 볼 수 있는데, 우선 교육의 대상인 학습자가 다언어 특징을 보인다. 학습자의 다언어 특징은 첫째, 서로 다른 모국어를 가진 학습자가 같은 공간에서 한국어 교육을 받는 경우에 나타나며, 둘째, 학습자의 모국어는 동일하지만 학습자 개인이 두 가지 이상의 다언어 능력을 갖춘 경우에 나타난다. 대개 한국의 대학이나 언어교육원에서 진행되는 교육은 다양한 모국어를 가진 학습자를 대상으로 하므로 전자에 속하며 한국이 아닌 다른 지역에서 이루어지는 교육이 후자에 속한다. 한국이 아닌 지역에서 진행되는 교육은 대부분 동일 모국어 화자를 대상으로 하며, 이들은 이미 모국어의 언어 체계를 갖추고 있는 성인 학습자로서 모국어 외에도 제2언어, 제3언어를 학습하였거나 일정한 수행 능력을 갖추고 있다. 예컨대, 중국 대학의 한국어 전공 학습자는 모국어인 汉语 외에 제2언어(영어와 같은 외국어 또는 자기 민족어)를 학습하였거나 습득하였다. 한국어는 이들에게 제3언어 또는 제4언어가 된다. 특히 영어와 같은 외국어 학습이 유아 시기부터 이루어지기 때문에 성인 한국어 학습자일 경우 대부분 이미 2중 언어능력을 갖추고 있다고 볼 수 있어 다언어 능력의 소유자는 점차 늘어나고 있는 추세이다.

  학습자의 다언어 능력은 상황에 따라 언어를 선택적으로 사용할 수 있음을 말해준다. 말하자면 한국어는 영어를 비롯한 기타 언어와 배타적으로 존재하는 것이 아니고 공존하게 되며, 이때 한국어의 사용은 사회적 수요뿐만 아니라 개인의 선호도에 의해 이루어질 수도 있다는 것이다. 외국인이 한국어를 접촉할 때, 어떤 판단을 하게 되고, 이런 상황을 어떻게 해야 한국어의 전파에 도움을 줄 수 있는지에 대하여 김희숙(2008)에서는 영어와의 공존을 추구하는 교육전략을 세워야 함을 주장하였다. 이 연구는 급변하는 언어적 환경에서 학습자들의 현실인식을 반영하였으며, 외국어 교육이 직면한 새로운 과제를 해결하기 위한 시도로 보아진다.

(2) 한국어 사용의 다언어환경

한국어 사용 환경은 한국어 학습 환경과 마찬가지로 다언어적 성격을 띠고 있다. 같은 공간 또는 장(場)에서 두 가지 이상의 언어가 동시에 사용된다면 이는 다언어사용으로 보아야 할 것이다. 따라서 광의적 의미에서 인간이 살아가는 지구라는 하나의 거대한 공간에서 여러 가지 언어가 동시에 사용되고 있다고 볼 수 있으며, 협의적 의미에서는 하나의 공동체 안에서, 한 가정 내에서, 여러 명이 모여 있는 장소에서, 인터넷에서, 신문 한 장에서도 다언어사용이 나타날 수 있다.

국제화 시대에 국가 간의 다원적인 교류로 인하여 더 많은 지역이 다문화, 다언어 생활권을 형성하고 있다. 다민족 다문화 국가인 중국이나 인도, 호주의 경우 자기의 민족 언어와 본국의 언어라는 두 가지 언어를 동시에 사용하고 있는 현실이 이미 오래 전부터 형성되어 왔으며, 한국에서도 국제결혼으로 인한 1가구 다민족 가족의 구성이 확산되고 있어 단일민족 국가라고 하더라도 국제 인적 교류가 활발한 지금은 다언어사용이 자연스럽게 형성되고 있다. 우리가 일상에서 접하는 인터넷, 텔레비전, 신문 등 대중 매체 영역에서 다언어를 사용하고 있으며, 학교나 회사, 시장, 아파트 단지에서도 다언어사용이 가능하다. 중국과 같은 다민족, 다언어 환경에서는 한어가 필수 공동체 언어이긴 하지만, 기타 소수민적 언어나 방언, 외국어도 선택적으로 사용된다. 지역에 따라 사용되는 방언은 한어의 변이형으로 같은 지역 사람들 사이에서는 의사소통을 위한 언어로 사용되며, 소수민족언어 역시 같은 특정 집단 내에서는 의사소통의 언어로 사용된다. 중국에서의 영어, 일본어, 불어 등 외국어는 특정 공동체가 존재하는 것은 아니지만, 수요에 따라 선택적으로, 상황 의존적으로 사용하게 된다. 이처럼 우리는 다언어 사회에 노출되어 있으며, 때와 장소에 따라 중국어나 영어, 기타 언어를 선택 사용한다. 한국어 역시 이러한 다언어사회의 일원으로 작용한다. 외국어로서의 한국어 사용은 한국에서만 가능한 것이 아니라 한국이 아닌 아시아는 물론 미국, 유럽 등 세계 어느 곳을 가더라도 한국어를 사용하는 사람이 있을 수 있다.

한국어 교육에서 다언어 환경을 고려하여 여러 가지 언어로 편집된 교재나 사전 등 학습 자료를 찾아 볼 수 있으며, 특히 온라인 교실에서 한 가지 언어가 아닌 다양한 언어로 설명하는 노력을 엿볼 수 있다. 그러나 교육과정이나 교육내용, 교육평가, 교사양성 등 교육체계는 주로 단일언어 학습자를 대상으로 이루어졌으며, 다언어 환경을 고려한 구성은 뚜렷하지 않다. 한국어 교육에서 다문화사회를 고려한 연구는 최근에 단편적으로 이루어졌고, 본격적으로 이중-다언어교육론 및 다문화사회의 언어문화교육론을 주장한 연구는 박영순(1997, 2007)이 있다.

외국어로서의 한국어는 어떻게 사용되는 것일까? 한국어를 사용한다는 것은 한국어로 말하고, 듣고, 읽고, 쓰는 활동을 통하여 소기의 목적을 달성하는 것을 뜻하는 말이다. 다시 말하자면 한국어의 구어와 문어를 통하여 자신의 의사를 표현하고, 다른 사람의 표현을 이해하는 행위를 가리킨다. 여기에서 듣고 말하는 것과 읽고 쓰는 것 자체는 의사소통 행위가 될 수 없으며 일정한 대상을 전제로 이루어져야 만 언어사용으로 볼 수 있다. 즉, 한국어를 사용하기 위한 절대적인 전제는 상호작용할 수 있는 상대가 있어야 한다.

우선 중국 내에는 근 280만 명에 이르는 조선족이 있다. 그리고 대도시를 중심으로 7만 여명에 달하는 한국 유학생과 13만에[1] 이르는 한국 교민들이 다양한 생활권을 이루고 있다. 이 두 집단의 언어사용은 조선어 또는 한국어가 된다. 그리고 현재 한국어 교육을 받고 있는 한국어 학습자가 전국 100여 개 대학에 산재해 있다. 위의 조선족과 한국 교민 집단은 굳이 한국어의 사용을 교육하지 않아도 한국어를 이미 자연스럽게 사용하므로 의사소통의 언어로 유지되지만, 한국어 교육의 대상인 학습자는 교육이 끝나고 한국어를 선택적으로 사용하거나 포기할 수 있는 경우가 있으므로 한국어 사용이 유지된다는 보장은 없다.

한국어 사용이 선택적으로 사용된다는 것은 학습자가 직장생활이나 학교생활 또는 일상생활에서 한국어를 사용할 수 있는 언어상황에서만 사용이 가능하다고 하겠다. 가령 직장에 한국인 동료가 있다거나 한국인 친구가 있다면 학습자는 상황에 따라서 한국어를 사용하게 된다. 이 외 한국어 학습자가 한국어를 선택적으로 사용할 수 있는 상황은 인터넷, 텔레비전을 통한 듣기와 읽기가 있겠다. 이 경우에는 학습자의 언어 선호도 의식이 중요하다. 학습자가 한국

---

[1] 2011년 주중한국대사관의 통계자료에 의한 수치로서 단기간 어학연수 등 통계에 들어가지 않은 수를 포함하면 더 많을 것으로 추정된다.

어로 된 인터넷 신문, TV프로그램, 영화를 보는 것은 어디까지나 선택사항이다. 때문에 한국어에 대한 선호도가 클수록 한국어를 사용하는 빈도가 높다고 할 수 있다. 이처럼 언어상황이 주어지거나 한국어 선호도가 크면 한국어는 사용되지만 그렇지 않을 경우, 학습자의 한국어 사용은 유지되기 어렵다.

흔히 외국어를 배울 때, 언어 환경이 중요하다고 말하는 것은 바로 그 언어를 배우면서 사용할 수 있는 환경이 외국어 학습에 촉매작용을 하기 때문이다.

3. 한국어의 역할

한국어를 사용하여 무엇을 얻을 것인가 하는 질문에 우리는 크게 두 가지로 대답할 수 있다. 하나는 나의 의사를 전달하거나 다른 사람의 의사를 이해하는 의사소통을 통하여 소기의 목적을 달성하는 것이고, 다른 하나는 의사소통을 목적으로 하지 않고 한국어로 나타난 문화를 이해하고 나의 삶에 도움이 되는 영양분을 흡수하는 것이다. 첫 번째는 다른 사람과의 의사소통을 전제로 직장에서의 업무나 학교에서의 교우관계, 일상생활에서의 편의를 위하여 한국어 사용을 한다면 이는 한국어 사용의 사회적 성격에서 비롯되는 것이고, 두 번째는 한국문화예술작품이나, 영화, 음악 감상을 통하여 스스로의 정서적 즐거움을 찾게 된다면 이는 한국어 사용의 개인적 성격에서 비롯되는 것으로 이해할 수 있다.

외국어로서의 한국어 사용은 사회적 수요가 있어야 가능하며, 또한 개인적 욕구가 뒷받침되어야 활성화 될 수 있다. 이는 필수적으로 사용되는 모국어와는 달리 외국인은 상황에 따라 한국어를 선택적으로 사용하게 되므로 어떤 상황에서는 사용이 활성화되다가 또 어떤 상황에서는 사용이 중지될 수도 있다. 중·한수교가 되고 20년 간 두 나라의 경제, 문화, 사회적 교류가 빈번해짐에 따라 중국에서의 한국어 사용에 대한 수요도 증가 추세를 보여 왔다. 앞으로도 이러한 한국어 사용이 유지될 것인가 하는 문제는 판단하기 어렵다. 한국어 사용이 유지되기 위하여서는 우선 한국어 사용이 어떠한 역할을 하는지, 어떤 역할이 외국인사용자에게 중요하고 가치 있는 것인지를 고찰할 필요가 있다.

(1) 언어사용의 기본 기능

다언어 사회에서 한국어의 역할이 무엇인가 하는 문제는 한국어 교육 목표와 관련된다. 즉, 한국어 교육이 왜 필요하냐 하는 문제는 한국어가 어떻게 사용되느냐에 따라 설정되어야 할 것이다. 외국어로서의 한국어 교육의 목표는 교육 대상인 학습자에 따라 조금씩 다르게 설정되지만 대개 한국어로 의사소통 할 수 있는 능력을 키우는 데 있다. 그런데 교육의 목표와 학습의 목표가 항상 동일한 것은 아니다. 학습자의 입장에서 보면 학습목적은 학습동기와 밀접한 관련을 갖게 되는데, 대학에서 한국어 전공자의 대부분은 취업이나 한국유학, 한국 내 거주 등 구체적 목적을 달성하기 위한 수단으로 한국어를 학습한다. 말하자면 교수자 입장에서는 한국어로 의사소통 할 수 있는 능력을 키우는 데 교육의 목적을 두지만, 학습자 입장에서는 한국어를 도구적으로 사용하기 위한 것이 학습의 목적이 된다. 한국어를 도구적으로 사용하기 위한 학습과 의사소통 능력을 키우기 위한 교육 목적이 일치하다고 생각할 수도 있지만, 엄밀한 의미에서는 분명 차이가 있다. 즉, 도구적으로 사용하기 위한 한국어는 어떤 일을 이루기 위한 방법이나 수단이며, 이는 목적한 일을 이루지 못할 경우 도구적 의미를 상실하게 되므로 한국어 학습은 학습 자체에 머물고 실제 사용으로 연결되기 어렵다. 이는 한국어를 사용하기 위한 의사소통 능력을 키우는 것과는 차이가 있다. 교육이 끝나고 학습자의 한국어 사용이 이어지지 못한다면 교육의 의의는 무색해질 것이다. 한국어 교육은 한국어 사용이 전제되어야 한다. 그러기 위해서는 한국어가 어떻게 사용되며, 수행하는 역할이 무엇인지 알아둘 필요가 있다. 그런 후에 한국어의 역할을 수행하기 위한 교육 방향 및 내용 구성 등 일련의 교육체계를 수립하는 것이 더 바람직하다는 생각이다.

한국어가 수행하는 역할을 알아보기에 위하여 우선 Halliday(Richards & Rodgers(2003:245))가 제기한 언어가 수행하는 기본 기능을 살펴보면 다음과 같다.

1) 도구적 기능: 사물을 얻기 위한 언어사용
2) 통제적 기능: 다른 사람의 행동을 통제하기 위한 언어사용
3) 상호작용 기능: 다른 사람들과의 상호작용을 창조해 내기 위한

언어사용

4) 개인적 기능: 개인적 감정과 의미를 표현하기 위한 언어사용
5) 발견적 기능: 학습하고 발견하기 위한 언어사용
6) 상상적 기능: 상상의 세계를 창조하기 위한 언어사용
7) 표상적 기능: 정보를 전달하기 위한 언어사용

위의 내용은 모국어를 배우는 아동을 위해 수행하는 언어의 기능을 설명한 것이다. 이 중에서 도구적 기능, 통제적 기능, 상호작용 기능, 표상적 기능, 개인적 기능은 외국어 사용에서도 수행할 수 있는 기초적 기능으로 볼 수 있으나 발견적 기능, 상상적 기능과 같은 사고와 관련된 기능은 외국어사용에서 기대하기 어려운 고차원적 기능으로 생각된다.

(2) 한국어의 역할

자국어인 한국어의 언어 사용 영역에 대한 연구를 살펴보면 이도영(1998)과 심영택(1998)의 논의를 볼 수 있는데, 이도영(1998:56~63)에서는 언어사용영역을 '도구로서의 언어사용', '의사소통으로서의 언어사용', '사고작용으로서의 언어사용', '문화로서의 언어사용' 등 네 개의 영역으로 나누었으며, 심영택(1998:152~178)에서는 위의 네 가지 언어사용의 특징을 설명하면서 언어사용의 다차원적인 존재를 주장하였다. 자국어로서의 한국어의 사용 양상에 대한 이러한 연구는 외국어로서의 한국어가 수행하는 역할에 대하여 시

사하는 바가 크다.

외국어로서의 한국어가 수행하는 역할은 일반 언어가 수행하는 다양한 종류의 기능과 일치하는 부분이 있으며, 또한 자국어로서의 한국어의 사용영역을 참조할 필요가 있다. 그러나 위에서의 네 가지의 언어사용이 다차원적으로 존재한다고 가정하여도 의사소통으로서의 언어사용과 도구로서의 언어사용, 사고작용으로서의 언어사용, 문화로서의 언어사용을 어떻게 구별할 지가 명확하지 않으며, 의사소통 영역이 다른 사용영역과 대등한 층위에서 분류된 것은 외국어 사용의 내용에서는 적합하지 않다고 판단된다. 왜냐하면 외국어교육에서 새로운 언어를 배우고 그 언어를 사용하는 것은 의사소통을 하기 위한 것이기 때문이다. 언어의 도구적 작용이든, 사고 작용이든, 문화 작용이든 모두 의사소통이 전제되어야 가능하다. 이에 본고에서는 위의 논의 중 의사소통작용을 바탕으로, 외국어로서의 한국어가 수행하는 역할을 '도구적 역할', '대인적 역할', '문화적 역할'로 분류하고, 아래에서 이들의 특징을 살펴보고자 한다.

1) 도구적 역할

여기에서 말하는 '도구적 역할'의 의미는 언어를 어떤 일을 하기 위한 수단이나 방법으로 배우고 사용할 때 나타나는 역할로 보고자 한다. 즉, 한국어 학습자가 취업이나 유학을 가기 위한 목적으로 한국어를 배우고 사용한다면, 이때 한국어가 수행하는 역할은 도구적인 것으로 볼 수 있다. 도구적 역할을 충분히 발휘하기 위해서 학습자는 한국어의 정확한 발음, 어휘, 규범 문법 지식을 쌓아야 하며, 정확한 의미 파악 및 규범적인 표현과 같은 언어적 기능에 역점을 두고 학습이 이루어진다. 또한 이러한 교수학습은 한국어능력시험(TOPIK, KLPT 등)에서 높은 등급 점수를 받을 수 있는 필수 조건이 되며, 자기소개나 수학 계획서 등 서류 작성이나 면접에 필요한 지식으로, 취업이나 한국 유학을 가는 데 있어서 한국어가 결정적인 역할을 하게 된다.

'도구적 역할'은 한국어를 필요로 하는 사회적 수요에서 비롯된다. 만약 한국어의 사회적 수요가 없다면, 구체적인 취업이나 유학 목적을 가지고 한국어를 학습하려는 학습자도 없을 것이며, 교육의 필요성마저도 약화된다. 이는 자국어로서의 국어교육에서 국어교과가 다른 교과의 학습에 도구적 의의를 가진다는 것과는 달리, 한국어의 도구적 역할은 학습의 강력한 동기가 되며 한국어 교육의 생명력이라고 볼 수 있다.

그러나 구체적인 목적을 달성하기 위하여 한국어를 배우고 사용하는 현상이 가장 뚜렷하나 유일무이한 것은 아니다. 언어사용환경에 따라 한국어를 의사소통적으로, 문화적으로 사용할 수 있다. 자국어로서의 한국어 사용영역이 다차원적인 것처럼 외국어로서의 한국어가 수행하는 역할도 다양하게 나타날 수 있을 것이다. 아래에서는 한국어의 대인적 역할에 대해 살펴보기로 한다.

2) 대인적 역할

한 가지 언어를 배우고 그 언어를 사용한다는 것은 누군가와 의사소통 할 수 있다는 것과 같다. 즉, 목표어를 사용하여 실제 생활에서 일어나는 인사하기, 소개하기, 질문하기 등 다양한 소통행위를 하는 것은 상호작용할 수 있는 의사소통 대상이 전제되어야 하며, 이 때 구어나 문어형식으로 대면 소통, 전화, 라디오, 텔레비전, 문자 등 매개체를 통하여 의사소통자들 간에는 사적이거나 공적인 관계가 성립 또는 유지된다. 한국어학습자가 능숙하게 한국어를 구사한다면 상대방과의 의사소통도 성공적으로 진행될 것이며, 또한 원만한 대인관계를 이룰 수 있다. 그렇지 않을 경우, 상대방과 달성하고자 하는 대인관계를 이루기는 어렵다. 언어의 의사소통 기능은 모국어일 경우, 직관적인 사용으로 초등교육 수준에서도 쉽게 완성되지만, 외국어의 경우 모국어 화자처럼 문맥과 상황에 적절한 언어를 즉각적으로 사용할 수 있는 능력은 교수학습을 통해 달성해야 할 목표로 설정된다. 한국어 사용을 통한 대인적 역할은 한국인 화자와 같은 대상의 존재가 필수적이다. 그렇지 않다면 한국어를 학습하고 나서도 의사소통적으로 사용할 수 있는 기회가 많지 않을 것이며, 한국어 사용의 대인적 역할은 기대하기 어렵다. 교육의 환경이 목표어사용 나라인 한국이라면 교실 수업뿐만 아니라 교실 밖의 생활에서도 상호작용의 대상을 쉽게 찾을 수 있으나, 한국이 아닌 기타 지역에서의 교육 환경이라면 대인적 사용이 그다지 쉽지 않으므로 한국어 사용이 활성화 되지 못하는 중요한 요인이 된다. 현재 중국에 체류하고 있는 한국 유학생 수는 근 7만 여명에 이른다고 한다. 북경소재 대학교를 보더라도 한국 유학생들을 쉽게 만날 수 있으며, 五道口, 望京 같은 지역에서는 한국인을 흔히 만날 수 있어서 한국어를 의사소통적으로 사용할 수 있는 기회를 찾을 수 있는 것은 참으로 다행스러운 일이다.

한국어 사용의 대인적 역할은 학습자가 한국어를 사용하여 목표어 화자와 상호작용할 때 그 역할이 발휘된다고 하겠다. 따라서 무엇보다 한국어를 사용할 수 있는 언어 환경을 조성하여 학습이 끝나고 사용으로 이어지도록 하는 것이 중요하다. 한국어생활권이 아닌 경우, 온라인에서 한국인 화자와 교류할 수 있는 다양한 공간을 마련하는 것이 바람직할 것이다.

3) 문화적 역할

언어가 곧 문화라는 관점에서 외국어를 배우고 외국어로 의사소통하는 것은 곧 상대방의 언어문화를 이해하고 나아가 서로 다른 문화가 만나 교류함으로 인류의 문화가 발전하고 다채로워진다고 볼 수 있다. 한국어가 지니고 있는 언어적 특징은 학습자에게 새로운 문화로 작용한다. 한글의 창제원리에서부터 한자어, 호칭어, 관용 표현, 대우 표현, 인사나 거절의 표현방식 등등, 음소, 어휘, 문장, 담화 차원에 이르기까지 한국어에 함축된 문화는 학습자의 모국어와는 다른 이질적 문화 요소를 내포하고 있으므로 학습자는 한국어 학습을 통해 한국언어문화를 접하게 된다. 한국어 교육에서 언어문화내용을 강조하는 것 역시 한국어의 문화적인 역할의 중요성 때문이다. 한국어가 수행하는 '문화적 역할'은 또한 한국어로 표현되는 문화 현상에서 찾을 수 있는데, 한국문학이나 인터넷, TV, 라디오 등 대중매체를 통해 한국인의 사고방식, 생활양식을 읽어 내고 이해하게 된다면, 이는 한국어의 문화적 작용으로 볼 수 있다.

한국어에 함축된 문화, 한국어로 표현되는 문화, 한국 사회가 지닌 문화 현상은 역사적이고 사회적인 것이지만, 한국어가 수행하는 '문화적 역할'은 학습자 개인에게 작용한다. 따라서 사회적 수요에서 비롯되는 '도구적 역할'이나 한국인 화자를 대상으로 진행되는 '의사소통 역할'과는 달리, '문화적 역할'은 모든 학습자에게 직접적으로 작용하며, 학습의 초급단계에서 고급단계에 이르는 과정과 한국어를 사용하는 과정 전반에, 그리고 학습과 사용이 멈추어도 여전히 발휘되는 강력한 힘을 가지고 있다. 이질 문화와의 접촉은 학습자의 호기심이나 긍정적인 이해를 유발할 수도 있지만, 반면에 거부감이나 불가사의를 줄 수 있다는 데에도 유념할 필요가 있다.

한국어 사용의 도구적 역할, 대인적 역할, 문화적 역할은 각각 작용하는 것이 아니고, 세 가지 역할은 유기적 관계를 맺고 있으며 한국어를 학습하고 사용하는 목적에 따라 그 역할이 강조되거나 약화될 뿐이다. 결국 한국어 교육의 필요성은 한국어가 수행하는 이러한 역할에서 찾을 수 있으며, 한국어가 수행하는 역할이 한국어를 교수학습하는 이유와 교육의 목표로 설정될 수 있다고 할 수 있다.

4. 한국어 사용의 전망

한국어 사용이 이루어져야 하는 이유를 구체적으로 지적한다면, 위에서 설명한 한국어의 다양한 역할이 언어 수행을 통해 이루어지기 때문이며, 또한 언어사용이 이어져야 학습한 한국어 사용능력이 유지되기 때문이다. 그렇다면 외국어로서의 한국어 사용은 자발성에 의한 것일까? 사용이 유지되려면 어떠한 전제조건이 주어져야 하며, 한국어의 언어사용영역은 무엇이며, 한국어 교육에서 언어사용을 위한 대책은 무엇일까 하는 문제를 자연스럽게 고민하게 된다.

(1) 사용의 전제

언어는 독립된 하나의 체계를 가지고 있으나 언어의 사용은 다른 사람과의 상호작용을 통하여 발생하므로 언어는 언어사용자, 언어집단과 다양한 관계를 형성한다. 한국어를 배워 사용한다는 것은 한국어를 사용하는 사람과 의사소통하는 것이며, 그러기 위해서는 한국어 사용을 필요로 하는 사회적 또는 개인적 수요가 전제되어야 한다. 사회적 수요는 직장생활, 학교생활과 같은 집단에서 상대방과의 의사소통이 한국어로 이루어진다는 것이며, 개인적 수요는 가정이나 친구 사이, 인터넷 등 일상생활에서 개인의 감정과 의미를 교류하기 위하여 사용됨을 말한다. 외국인의 한국어 사용은 주어진 상황에 따라 필수적으로 요구되거나 선택적으로 요구되며, 또는 금지될 수도 있다. 가령 한국 내에 거주하는 외국인일 경우, 일상생활에서의 한국어 사용은 필수적으로 나타날 것이며, 그렇지 않고 한국 외의 기타 지역에 거주한다면 일상생활에서는 필수적이지 않으며, 직장에서나 학교에서와 같은 제한된 범위에서 선택적으로 사용할 것이다.

따라서 이와 같은 언어사용 환경이 가장 중요하긴 하지만 언어를 사용하는 사람은 어디까지나 개인이므로 개인의 한국어 사용 욕구가 뒷받침되어야 가능할 것이다. 아무리 사회적, 개인적 수요가 있는 사용 환경이 주어졌다고 해도 한국어에 대하여 좋지 않은 이미지를 가지고 있다면 결코 한국어 사용이 이루어지기 어렵다. 외국인이 한국어에 대한 이미지는 과연 무엇일까? 중국인과 일본인, 또는 유럽인들의 생각이 꼭 같을 수는 없다. 언어는 그 언어를 사용하는 사람들에 대한 이미지와 직결되므로 한국어나 한국인에 대한 좋은 이미지를 가졌다면 좀 더 적극적인 언어사용을 시도할 것이다. 가령 지역과 문화가 다른 배경을 가진 사람들의 한국어에 대한 이미지를 조사하여 그 결과를 교육에 반영한다면 좀 더 현실적인 언어사용에 접근할 수 있을 것이다. 한국어 이미지에 대한 조사를 하기 위해서는 조사대상, 조사지역, 조사방법, 조사항목 등을 선정하여 다양한 데이터를 수집하는 것이 중요하다. 만약 한국어에 대한 이미지가 우아하다든가 친절하다든가 등 긍정적이라면 한국어학습, 사용으로의 접근이 용이할 것이며, 그렇지 않을 경우에는 원인을 분석하고 문화차이에서 오는 문제점을 극복하는 접근을 할 수 있으므로 실제적인 교육의 참고자료로 활용할 수 있을 것이다.

(2) 한국어의 언어사용 영역

언어는 구체적인 한 언어사회의 장(場)에서 사용되기 마련이다. 학습자가 한국어를 배워 어떻게 사용하는지를 살펴보면 한국어의 사용 범위를 알 수 있다. 이는 모국어화자가 가정에서, 학교에서, 직장에서, 일상생활 등 삶의 모든 영역에서 한국어를 사용하는 것과는 달리, 학습자는 언어상황에 따라 어느 한 고정영역에서 한국어를 사용하게 된다. 외국인일 경우 가정생활보다는 교우관계나 직장업무에서 한국어 사용이 가능할 것이며, 한국이 아닌 다른 지역에 거주하는 경우, 일상생활에서의 말하기 보다는 읽기나 보기, 듣기 영역에서 그 사용이 더 활발할 것이다. 이들은 가정에서나 사회전반에서 한국어를 사용하는 것은 아니며, 직장에서의 업무해결이나 친구관계에서의 교류에서도 한국어 사용은 극히 제한적이며 활성화되었다고 보기는 어렵다. 예컨대, 같은 직장에 한국인이 있다고 하더라도 중국에 주재하는 대부분의 한국인들은 어느 정도 중국어 구사능력을 갖추고 있으며, 또 그렇지 않더라도 중국어를 배우려는 의욕 때문에 중국인과 소통 시 한국어를 절제하려 하므로 한국어는 여전히 약세에 놓인다.

우리는 대개 한국 내에서 외국인의 한국어 사용이 활성화될 것이며 따라서 한국어실력도 분명히 향상되리라 믿는다. 그런데 실제 인터뷰를 통해 보면 꼭 예상했던 결과가 나오지 않는다. 2011년 여름 방학에 서울소재 한국 대학의 대학원에 입학하여 한국에 거주하는 학생 7명을 인터뷰한 결과 그들은 한결같이 한국어 실력이

별로 향상되지 않았다고 말한다. 그 이유는 학교생활과 친구 교우관계에서 주로 영어와 중국어를 사용하고, 그 다음으로 한국어를 사용하기 때문이라고 한다. 한국어는 동네 마트나 식당, 주인집 아주머니와의 대화에서 사용되는 일상생활어가 되며, 대학, 대학원 과목의 대부분은 영어강의로 진행되고, 영어로 발표를 해야 하고, 영어 리포트를 제출해야 하며, 심지어 드라마나 영화도 영어로 된 것을 주로 감상하므로 고차원적인 한국어 사용은 기대하기 어렵다고 한다. 영어 공용화를 주장하는 한국의 사회적 분위기는 외국인 학습자에게 한국어 사용의 가치를 느끼지 못하게 하는 치명적인 타격으로 될 수밖에 없는 현실인 것 같다. 목표어사용 나라인 한국이 이럴진대, 학습자 모국어사용 지역에서의 한국어 사용은 낙관할 수 없는 것이 당연하다.

　그렇다면 한국어 학습자가 한국어 사용을 가장 활성화 할 수 있는 영역은 어디일까? 본고에서는 이들의 학습단계라고 본다. 즉, 학습은 또 하나의 언어사용영역이 되어야 한다. 예컨대, 대학생일 경우, 대학 생활이 이들의 한국어 사용영역이 될 것이며, 문화원 또는 학원의 경우 역시 한국어를 학습하는 과정이 한국어를 가장 많이 사용할 수 있는 영역이 된다고 하겠다. 그 이유는 학습단계에서는 학생과 교사, 학생과 학생, 학생과 학습자료 사이에 끊임없이 한국어를 말하고, 듣고, 읽고, 쓰는 활동이 이루어지기 때문이다. 또한 한국학 관련 대학원에 진학한 학생일 경우, 학문 목적의 고급 한국어를 학습하므로 한국어 수준이 향상되는 단계가 된다. 그렇지만 이러한 언어의 기능 학습이 의사소통을 목적으로 사용되어야 학습과 사용의 유기적인 결합이 가능할 것이다. 따라서 한국어 교육에서 학습단계에 한국어 사용을 활성화 하는 활동중심의 교육은 매우 중요한 전략이라고 할 수 있다.

(3) 언어사용을 위한 교육 방향

한국어 교육의 목표를 1차적으로 한국어 사용을 하도록 돕는 것이고, 최종적으로 능숙하게 한국어 사용을 할 수 있도록 돕는 것으로 설정한다면, 기존의 교육에서 의사소통능력 양성을 목표로 하는 것보다 지향점이 조금 달라지게 된다. 즉, 1차적으로 한국어 사용을 하게 돕는다는 것은 모국어를 이미 사용하고 있는 사람들에게 전에 사용하지 않았던 새로운 언어를 사용하도록 협조하는 것이며, 최종적으로 능숙하게 한국어 사용을 할 수 있도록 하기 위해서는 한국어 사용과 동시에 학습이 이루어져야 함을 말한다.

그렇다면 1차적인 한국어 사용을 돕기 위한 교육과정과 교육내용은 어떻게 구성되어야 할 것인가? 의사소통 능력에는 한국어로 듣고, 말하고, 읽고, 쓰는 기능이 포함되며, 이런 언어사용 기능을 통합하여 구체적 언어활동에서 소개하기, 보고하기, 설명하기 등 다양한 문제해결 능력을 키우는 수행 능력도 포함된다. 현재 중국 대학의 한국어 교육 과정을 보면 언어의 영역에 따라 듣고 말하기, 읽고 쓰기 그리고 한중 번역하기 등 교과목이 개설되어 언어의 사용 기능을 양성하기 위한 교육과정으로 구성되었음을 알 수 있다. 이러한 기능 학습은 실제 사용으로 연결되어야만 한국어 수행능력으로 이어지는 교육의 결과가 나타날 것이다.

언어의 수행능력은 언어의 사용 기능 학습을 바탕으로 수행 훈련 과정에서 형성된다고 할 수 있다. 앞선 논의에서 학습자가 한국어 사용을 가장 활성화할 수 있는 영역은 바로 학습단계라고 설명하였다. 학습단계에서 한국어 사용이 습관화되는 것은 교육이 끝나고 학습자 스스로 상황 의존적으로 한국어를 사용할 수 있는 준비과정이 된다. 초급단계에서는 초급수준의 의사소통을 수행할 수 있으며, 중급단계에서는 중급수준의 의사소통 활동을 수행할 수 있어야 한다. 예컨대, 자기소개를 초급단계에서도, 중급단계에서도, 고급단계에서 수행할 수 있어야 한다. 언어의 기능 학습단계는 고급인데, 여전히 초급 수준의 자기소개 밖에 할 수 없다면, 이는 학습의 문제가 아닌 수행의 문제로 봐야 할 것이다. 배우는 만큼 의사소통의 숙달도가 점차 높아져야 하는 것이 마땅하다.

교육 현장에서 한국어에 관한 지식 설명은 학습자 모국어로 전달되는 것이 필요하지만, 교사와 학생 사이 또는 학생과 학생 사이의 소통이 학습자 모국어에만 의존한다면, 좋은 교육의 결과를 기대하기 힘들 것이다. 반대로 한국어 학습자와 교육자, 그리고 학습자 사이에 한국어로 의사소통을 한다면, 학습 현장이 자연스러운 한국어 사용의 장으로 연결되며, 학습자가 학습과 동시에 사용을 내면화할 수 있는 환경을 조성하게 되는 것이다. 또한 학습자가 교실 수업과 교재에만 의존하지 않고 인터넷을 통하여 다량의 문화적인 교류를 진행한다면 학습자의 삶에 적극적인 영향을 줄 수 있으리라 생각된다.

언어의 사용은 반드시 배운 것만 가지고 이루어져야 하는 것은 아니다. 교사가 배운 내용을 기본으로 상황에 맞게 사용하는 과정에서 학생은 상황 의존적인 표현과 이해를 하게 될 것이다. 무엇보다 중요한 것은 학교생활이 우선 교사와 학생의 한국어 사용 영역이 되어야 한다는 것이다. 학습의 기초단계에서부터 언어의 사용이 이루어져야 하는데, 그러기 위해서는 한국어로만 의사소통이 가능한 공간을 설정하여 한국어 사용을 경험하는 것이 무엇보다 중요하다.

　　한국어 사용이 이루어지지 못한다면 한국어능력의 상실이라는 어두운 결과를 초래할 수 있다. 언어능력 상실을 막기 위해서는 학습자의 언어상실형태를 세밀히 조사 분석하여 교육에 반영할 필요성이 있는데, 한국어의 발음, 문법, 어휘, 담화능력 등에서 상실의 순서가 어떻게 되는지, 그 요인은 무엇인지 등을 분석해야 한다.

5. 요약

　　이 장에서는 학습자의 한국어 사용에 대하여 검토하기 위해 한국어 교육의 다언어 환경을 고찰하고, 한국어 사용의 역할은 무엇인지, 한국어의 언어사용 역역은 어떻게 구분되는지를 분석하였다. 이를 바탕으로 다언어 환경에서의 한국어 사용의 주요 영역을 교육 단계로 보았으며 한국어 사용의 전망을 교육의 입장에서 짚어 보았다.

　　한국어 교육의 극대화를 위해서는 학습자 모두가 한국어 사용자로 전환되는 것이 바람직하다. 이를 위해서는 언어적 환경을 고려한 교육 책략이 마련되어야 하는데; 첫째, 교실 수업을 중심으로 한 학교생활에서 교사와 학습자, 학습자와 목표어 화자, 학습자와 학습자 사이에서의 의사소통을 활성화해야 할 것이다. 교실 수업이 단순히 한국어 사용 능력을 가르치는 곳이 아닌 한국어 사용 현장의 역할을 할 수 있도록 수업 전반에 상호작용이 이루어져야 할 것이며, 교실 밖의 유익한 상호작용 대상자를 교실 수업에 유입하여 실제 상호작용이 교실에서 일어나도록 하는 방법이다. 즉, 주위에 있는 한국 유학생, 한국 교민 등 목표어 화자가 교실 수업에 참여하여 보완적인 상호작용이 이루어진다면 좀 더 실제적인 수업 효과를 기대할 수 있을 것이다. 다음으로, 교실 밖 일상생활에서의 의사소통 상황을 활성화해야 한다. 이 방법은 학습자가 교실 밖에서 상호작용 대상자를 찾아야 하는 능동성을 발휘하여야 하므로 개인적 차이가 따른다. 현재의 중국내 교육과정에서 방학기간을 이용한 실습과 같은 경로라 하겠다. 이 외에, 인터넷이나 대중 매체를 이용한 상호작용을 활용할 수 있다. 요즘 같이 한국이 아닌 지역에서도 수시로 한국 방송이나 신문을 접할 수 있고, 다언어 입력이 가능한 휴대전화를 이용하여 한국어로 메시지를 주고받을 수 있다는 것은 한국어 사용의 가능성을 크게 확대시킨 것이다.

　언어가 어떻게 사용되는가 하는 문제는 자칫 교육의 영역 밖으로 인식하기 쉽고 또 온전히 교육의 몫으로 생각하지 않을 수도 있다. 성공적인 교육이 되려면 학습자가 한국어 사용능력을 갖추고 있는 것도 중요하지만 그 능력을 실제로 응용하는 한국어 사용자로 활약하는 것 역시 등한시 할 수 없는 부분이다. 교육단계에서 학습자의 한국어 사용능력이 유지될 수 있도록 사전 장치를 개발한다면 한국어 사용능력의 상실을 막고, 학습자가 사용자로 활약할 수 있는 기반이 될 것이다.

참고 문헌

김지홍(2010), 「언어의 심층과 언어교육」, 경진.
김하수(2008), 「문제로서의 언어1-사회와 언어」, 커뮤니케이션 북스.
김희숙(2008), 인터페이싱 언어를 이용한 새로운 한국어 교육 방법, 「언어학 연구」 13, pp. 31~51.
권경근 외(2009), 「언어와 사회, 그리고 문화」, 박이정출판사.
박영순(1997), 「이중/다언어 교육론 - 세계의 언어교육과 한국의 언어정책 과제-」, 한신문화사.
_____(2004), 「한국어의 사회언어학(개정판)」, 한국문화사.
_____(2007), 「다문화사회의 언어문화교육론」, 한국문화사.
사나다 신지(2008), 「사회언어학의 전망」, 제이앤씨.
시정곤 외(2003), 「한국어가 사라진다면」, 한겨레신문사.
심영택(1998), 다차원적인 언어사용의 존재와 갈등 양상 연구, 「선청어문」 26, pp. 151~179.
이기갑(1999), 언어 선택에 관하여, 「삼육대학교 논문집」 31, pp. 39~46.
이도영(1998), 언어사용영역의 체계에 대한 연구, 서울대학교 박사학위 논문.
이상규(2006), 「언어지도의 미래」, 한국문화사.
염창권(2006), 중국 대학의 한국어학과에서, 한족 학생들의 한국어 습득 양상에 대한 문화 기술적 연구, 「한국 초등국어교육」 32, pp. 219~249.
우윤식(2006), 「언어와 인간」, 역락.
이영택(2010), 「언어사용기능영역의 이해」(개정판), 에듀스파(주).
임성규(1996), 언어사용 기능 신장을 위한 수업 이론, 「국어교육연구」 8, pp. 1~30.

전상인(2007), 한국학, 한국어, 한국어 교육, 「국어교육연구」 20집, pp. 45~62.

정시호(2000), 「21세기의 세계 언어 전쟁」, 경북대학교출판부.

조윤경(2010), 교사의 학습자 모국어 사용에 따른 교실 상호작용 관찰 연구, 「언어학 연구」 16, pp. 269~288.

황인교(1999), 외국인을 위한 한국어 교육 이론의 지평, 「교과교육학연구」 3-1, pp. 272~288.

Clark, Herbert H(1996), 「언어사용 밑바닥에 깔린 원리」, 김지홍 역(2009), 경진.

Berko, Roy M. & Wolvin, Andrew D. & Wolvin, Darlvn R(1998), 「언어 커뮤니케이션」, 이찬규 역(2003), 한국문화사.

Richards & Rodgers(1986), 「외국어 교육 접근 방법과 교수법」, 전병만 등 역(2003), CAMBRIDGE.

Romaine, Suzanne(2000), 「언어와 사회: 사회언어학으로의 초대」, 박용한·김동환 옮김(2009), 소통.

제 2 장
교수법과 학습법의 상관관계*

1. 도입

외국어 교육에서 교수법은 교육의 대상인 학습자의 특징이나 교육 환경, 교과목에 따라 다양하게 적용된다. 교수법은 교육의 효율성을 높이기 위한 것으로 학습과 분리해서 다루어질 수 없으며 교수·학습법은 유기적인 관계를 이루게 된다. 성공적인 교수란 성공적인 학습이다. 아무리 적절한 교수법을 사용하고 잘 구성된 수업 내용을 즐겁고 생생하게 가르쳐도 학습자가 학습하지 않으면 무의미한 것이다. 같은 내용을 같은 방식으로 같은 교사가 교수하여도 동일한 학습 효과를 보지 못하고 학습 분위기나 학습자 개인에 따라 다양한 결과를 보여주는 것은 교수법이나 교재가 아닌 학습자의 학습법에서 그 요인을 살펴보아야 할 것이다. 그럼에도 교수법에 대

---

* 이 논문은 "한국어 교육에서의 교수법과 학습법의 상관관계 연구"라는 제목으로 중국조선어문 (2010년)에 게재된 내용을 보완하여 정리한 것이다.

한 탐구에서 학습법에 대한 연구는 피상적인 언급이나 교수법과 무관하게 학습자에게 맡겨지고 교수자의 소관 밖으로 간주되는 것 같다.

한국어를 잘할 수 있는 방법에 대해서 학습자들은 대개 숙제, 복습, 예습을 잘해야 한다, 한국인과 만나 교류하는 기회를 가져야 한다, 무조건 외워야 한다, 열심히 하는 길밖에 없다 등 다양한 대답을 들려준다. 이는 학습자는 학습의 효율성을 교수나 교재에서 찾는 것이 아니라 자신에게 맞는 학습법에서 찾고 있으며, 교수가 아닌 학습에 초점을 맞추고 있다는 것을 보여주는 것이다. 이 장에서는 학습자 개인의 천부적 소질이나 특징이 학습 결과에 주는 영향은 배제하고 교수자의 입장에서 학습법 일반에 대한 논의를 하고자 한다. 학습법은 학습자 개인의 특징만큼이나 다양하기 때문에 교수자의 입장에서 학습법을 개발 배양하기는 어렵다고 생각할 수 있지만 학습자를 대상으로 하는 교수활동에서는 간과해서는 안 될 것이며, 교수법의 적용과 함께 고찰되어야 할 것이다.

2. 한국어 교육 목표와 학습자의 학습목적

외국어로서의 한국어 교육의 목표는 교육 대상인 학습자에 따라 조금씩 다르게 설정되지만 대개 한국어로 의사소통 할 수 있는 능력을 배양하는 것이다. 박영순 외(2008: 232)에서는 한국어 교육의 목표를 다음과 같은 여섯 가지로 요약한다.

발음 – 모국어 화자처럼 혹은 매우 가깝게 발음할 수 있다.
문법 – 비문을 만들지 않고 정문을 생성할 수 있다.
언어 기능 – 듣기·말하기·읽기·쓰기를 불편없이 할 수 있다.
의사소통 – 상황에 맞게 대인관계에서 원활하게 의사소통할 수 있다.
경어법 – 한국어 경어법에 맞게 말을 할 수 있다.
문화 – 한국문화를 이해하고 자기의 문화와 어떻게 다른가를 비교할 수 있다.

또 윤희원(2008:38)에서는 한국의 언어와 문자 체계를 통한 표현과 이해능력 신장이라는 교육 목표에 대해서 다시 세 가지 하위 목표 즉, 생활을 위한 한국어 교육, 연구를 위한 한국어 교육, 전문적 번역이나 통역을 위한 한국어 교육으로 나누었다.

학습자의 입장에서 보면 학습 목적은 학습 동기와 밀접한 관련을 갖는다. 학습자는 취업이나 한국유학, 한국 내 체류 등 구체적 목적을 달성하기 위한 수단으로 한국어를 학습한다. 따라서 취업이나 유학 같은 구체적 목적이 실현되지 않거나 현실성이 없을 경우 수단으로서의 한국어는 학습의 필요가 없게 된다. 대학에서 한국어 전공자의 대부분은 졸업 후 취업이나 한국 유학 등이 한국어를 배우는 주요 동기이거나 목적이 된다. 따라서 취업이나 한국 유학과 같은 목적이 실현되지 못할 경우, 4년 동안 배운 한국어는 그야말로 나무아미타불 격이 되고 만다. 졸업 후 얼마 지나지 않아 한국어로 의사소통이 어려워지며 그러다가 어느 순간에는 한국어가 잘 들리지도, 말할 수도 없는 초급 수준으로 되돌아간다. 4년 동안 교실 수업에 의존한 한국어는 모국어와 달리 완전 개인화를 이루지 못한 상황에서 한동안 사용하지 않고 애착을 잃으면 말 그대로 낯선 외국어가 되기 마련이다. 이러한 선배들의 상황을 지켜보던 전공 과정의 후배 학생들에게도 학습 동기가 약화되거나 목적이 전환되어 영어나 기타 취직에 도움이 되는 과목에 공력을 들인다.

이러한 상황은 우리의 교육이 학습은 사용을 위하여 이루어진다는 단순한 원리를 적용하지 못한 결과라고 생각한다. 한국어를 전공하고도 한국어를 사용하지 못하는 원인은 한국어 교육 목표와 학습자의 학습 목적이 일치점에 놓이지 않은 것에 주목할 필요가 있다. 즉 학습자는 한국어를 학습하는 것이 한국어를 사용하기 위한 목적이기보다 그것을 수단으로 취직이나 유학을 하고자 하는 것이다. 따라서 학습자는 학습 과정에서 한국어로 전달되는 내용이나 지식보다 한국어로 어떻게 표현할 수 있을까 하는 언어적 기능에 더 관심을 가지게 되며 한국어로 의사소통 할 수 있는 능력에만 주력하기에 한국어를 통한 새로운 지식이나 개인의 인성 양성에는 별 의미를 두지 않을 수 있다. 이처럼 한국어로 하는 의사소통 능력 양성을 목표로 하는 교육 목표와 한국어를 수단으로 사용하고자 하는 학습자의 목적 사이에는 차이가 있다. 교육의 목표와 학습 목적의 차이를 줄이고 일치점을 찾았을 때 교육의 효과는 더 클 것이며 의의가 있을 것이다.

한국어 교육의 목표를 한국어 의사소통 능력 양성으로 설정하는 것은 언어의 기능적인 면을 강조한 것이다. 한국어 교육이 학습자를 사용자로 인식한다면 학습자는 학습, 습득을 통하여 한국어와 연결된 방대한 세상과 접하게 해야 할 것이며, 궁극적으로 학습자 개인의 삶이 더욱 풍요로워짐을 체험해야 한다. 한국어의 사용을 교육 목표로 설정하는 것은 학습자의 학습 목적이 취업이나 유학을 위한 것과는 분명 다르다. 학습자가 모국어 외에 한국어를 사용한다는 것이 개인적 삶의 질과 연관되어 있다는 것을 경험하고 인지한다면 취직이나 유학이 이루어지지 않더라도 한국어 사용을 목적으로 학습이 이루어질 것이다. 또한 이러한 동기는 교실 수업이나 교수자의 통제가 없는 졸업 후에까지 학습의 원동력으로 작용하여 학습자 스스로 한국어를 사용하면서 습득해갈 것으로 기대된다.

한국어 학습은 한국어를 사용하기 위한 것이다. 너무나 당연한 말이지만 이를 교육과 학습의 목표로 설정하였을 때 교육과 학습의 목표가 일치점에 놓이게 되며 교수·학습의 상승효과가 나타날 것이다.

3. 언어경험접근법과 학습법 형성

(1) 언어경험접근법의 도입 필요성

교육 목표가 설정되면 그 목표를 실현하기 위한 다양한 교수법이 적용된다. 한국어 교육 현장에서는 교육 환경이나 학습자 변인에 따라 의사소통적 교수법을 비롯해 과제중심 교수법, 문법 번역식 교수법, 청각구두 교수법 등 다양한 접근방법이 사용되고 있다. 앞에서 논의한 언어사용의 목표를 이루기 위해서는 이론적 접근법, 수업의 설계, 실행 과정, 평가 등을 포함한 전반 교수 활동에서 한국어 사용이 강화되어야 할 것이다.

우리는 장기간 외국에서 생활하거나 체류한 경험을 가진 사람이 귀국하여 모국어 나라에 살면서도 여전히 외국어로 인터넷을 접속하고 그 외국의 음식을 즐겨 찾아 먹으며 그 외국의 사회생활과 정보에 높은 관심을 보이는 것을 볼 수 있다. 이는 외국에서 생활한 경험이 이미 그 사람의 생활 패턴으로 형성된 것이다. 한국어 학습자가 사용자로 전환되려면 학습과정에서 사용의 경험을 쌓아야 할 것이며 그 경험을 바탕으로 스스로 한국어를 사용하는 습관이 형성되도록 경험중심 접근법이 필요하다. 경험 중심 접근법 즉 언어경험 접근법(LEA:Language Experience Approach)은 구체적으로 영어 읽기 수업에 적용되었던 방법으로 '학생들이 자신의 경험에 대해 토의하고 학생들이 구술한 것을 교사가 받아 적고 이것을 읽기 교재로 활용하는데, 소집단이나 학급전체가 만들어낸 경험차트 또는 개별적으로 쓴 이야기를 활용하는' 방법이다(유정순, 2005: 9에서 재인용). Allen(1976)이 설명한 언어경험접근법의 이론은 다음과 같다(서영숙, 2008:11에서 재인용).

'내가 생각하고 있는 것을 말할 수 있으며
내가 말할 수 있는 것을 쓸 수 있다

내가 쓸 수 있는 것을 나는 읽을 수 있고
타인이 내가 읽기 위해 쓴 것을 나는 읽을 수 있다.'

언어경험접근법은 넓은 의미로는 듣기, 말하기, 읽기, 쓰기의 모든 언어과정과 경험을 관련시킨 통합적인 지도방법인 셈이다. 한국어의 사용을 목표로 하는 교육에서 언어경험접근법의 도입 필요성에 대해서 다음의 몇 가지로 설명할 수 있다.

첫째, 학습한 언어를 사용하기 위해서는 완벽한 언어 지식이 구축되어야 하는 것은 아니다. 아무리 많은 문법 지식이나 단어를 학습하고도 언어를 사용하지 못하는 학생이 있으며, 하나를 학습하고 하나를 사용하는 학생이 있다. 언어사용은 언어 학습의 수량과 정비례하지 않는다. 따라서 한국어 사용을 강화하기 위해서는 학습의 모든 단계에서 학습자의 참여도를 높여 능동적인 사용을 강화하여야 한다. 언어경험접근법은 학습자의 경험을 바탕으로 이루어지므로 학습자의 참여도를 높여 학습자의 능동적인 언어사용을 촉진한다.

둘째, 학습자의 경험을 바탕으로 하므로 언어의 개인화가 이루어질 수 있다. 수업시간에 학습한 내용을 모든 학생이 똑같이 수용하고 사용할 수 있는 것은 아니다. 학습자의 배경지식 또는 지식을 수용하는 정도에 따라 어휘와 문법의 난이도가 결정되며 개인적 언어사용이 연결된다. 우리는 모든 학습자가 똑같이 높은 수준의 한국어 능력을 갖출 것을 요구할 수 없으며 또한 모든 학습자가 같은 수준의 한국어 실력을 갖출 수 없다는 것도 알고 있다. 따라서 개인의 한국어 수준 차이를 인정하고 학습자 자신의 수준에 맞는 언어사용을 강화하는 것이 무엇보다 중요하며 사용 과정에서 실력 향상을 이끌어야 한다.

셋째, 개인 경험을 바탕으로 과제를 수행하는 학습은 언어사용 경험으로 축적되므로 언어의 사용을 강화할 수 있다. 학습자의 경험을 바탕으로 하는 수업은 비공식적인 실생활 환경과 실수를 허용하는 비위협적인 분위기에서 언어를 사용하는 실제 경험을 하게 되는데, 학습자는 교사나 다른 사람의 말을 듣거나 읽는 것보다 자신이 경험한 것을 더 잘 기억할 수 있다.

언어경험접근법은 학습자의 개별 경험을 활성화시켜 언어의 사용을 강화한다는 점에서 한국어 사용을 목표로 하는 교육에 적용할 당위성이 있게 된다.

(2) 학습법의 형성

한국어 교육에서 성공적인 학습법은 어떻게 형성되는가? 자율학습자는 누구의 통제를 받지 않고 스스로 학습 목표를 설정하고 그 목표를 이루기 위하여 학습의 효율을 높일 수 있는 다양한 방법을 적용할 것이나 정규교육의 대상인 전공자는 자율학습자와는 달리 소정의 교과 요구나 교수자의 요구에 따라 학습법을 채택하게 된다. 교육의 목표가 생활을 위한 한국어라면 학습자는 일상생활에 필요한 표현과 이해능력 신장을 위한 학습법을 채택할 것이며, 전문적 번역이나 통역이 교육 목표라면 중국어와 한국어의 대응 표현에

중점을 두는 학습법이 효율적일 것이다. 따라서 정규과정 학습자의 경우 교수자의 이론적 접근법, 수업 설계, 실행과정, 평가를 포함한 교수법이 학습법 선택에 결정적인 영향을 주게 된다.

여기에서는 교수자의 입장에서 한국어 교육 목표에 따라 두 가지 학습법을 고찰하고자 한다. 하나는 단기 목표를 달성하기 위하여 생성되는 단기 학습법이고, 또 하나는 장기 목표를 달성하기 위하여 채택되는 장기 학습법이다. 단기 학습법은 학습자가 교과 특징이나 교수자의 수업 요구에 따라 학습자 개인에게 적합한 학습법을 적용하면서 학습의 효율을 기대할 때 나타난다. 예컨대 문법 수업에서 문법지식을 장악하기 위한 방법으로 수업시간에 교사의 문법 설명이나 예문 제시에 집중한다거나 문법항목을 아예 외우는 방법을 생성하기도 하며, 말하기 능력을 향상하기 위해서는 모방 연습을 통하여 발음이나 억양의 정확성에 집중한다거나 한국인과의 대화 기회를 찾는 방법을 취하기도 한다. 학습 과정에서 채택되는 이러한 방법은 교과 과목 또는 교수자의 요구에 도달하기 위한 방법으로 과목이나 교수자에 따라 다른 학습법을 생성하게 되며 학습자 개인적 성향에 맞는 적합한 학습법 개발이 중요하다.

장기 학습법은 앞에서 언급한 한국어 교육 목표를 이루기 위하여 교수·학습의 전반과정에서 한국어 사용을 위한 학습법이 되겠다. 다시 말하면 한국어 전공자가 대학을 졸업하고 어디에서 생활하든지 무슨 일을 하든지 한국어 인터넷을 접속하여 정보를 수집하거나 지식을 쌓아가며 한국의 사회생활에 귀 기울이고 한국문화를 즐기면서 한국적 정서에 익숙해지는 것과 같은 한국어 개인화를 이루는 결과를 기대하는 학습법이다. 결국 장기 학습법은 교육 과정이 끝난 후에도 학습자의 언어사용을 이끄는 습관이 되어야 한다.

우리는 앞에서 교육 목표와 학습 목적이 한국어 사용이라는 것에서 일치점을 찾았다. 즉 교수자의 교수 목표는 한국어를 사용하는 학습자를 양성하는 것이며, 학습자의 학습 목적도 한국어를 사용하기 위한 것이다. 그러나 이러한 교수·학습 목표가 설정되었다 하더라도 바로 동기 부여로 이어져 효율적인 학습법을 생성하는 것은 아니다. 예컨대 새해가 되면 많은 사람들이 새해의 목표를 세운다. 올해에는 영어를 꼭 마스트 해야지, 올해에는 사회 봉사활동을 해야지 등등 이루고 싶은 목표를 설정하지만 연말이 되어 뒤돌아보면 새해 초에 세웠던 목표를 이룬 사람은 그리 많지 않다. 이처럼 목표 설정이 있고, 그 목표를 이루기 위한 실행이 없다면 그냥 목표로만 남을 것이다. 한국어 사용 목표를 성취하기 위해서는 언어경험접근법을 도입할 필요성이 제기되며, 언어경험접근법의 원리를 적용한 교수·학습 활동이 이루어져야 할 것이다. 즉 수업 설계에서부터 수업 과정, 수업 후 과제 그리고 평가에 이르기 까지 교수·학습의 전반과정에서 언어경험을 바탕으로 한 언어사용이 강화되어야 한다.

아래에서 한국어 읽기 수업을 모델로 언어경험접근법의 구체적인 적용과 그에 따른 언어사용을 강화하는 학습법의 형성을 살펴보기로 한다. 한국어 읽기 교과의 목표는 문자로 나타나는 다양한 텍스트의 정보를 정확하게 얻고 처리할 수 있는 이해능력을 신장하는 것이다. 이를 위해 음소문자로서의 한글이 가지고 있는 맞춤법의 원리에서부터 어휘력과 문장의 독해력을 키워야 한다. 또한 이러한 읽기 과정을 통하여 학습자가 자신에게 필요한 정보를 언제든지 한국어 텍스트에서 획득하는 개인화를 이루도록 하는 것이 앞에서 제기한 장기 학습법이 되겠다. 한국어 읽기를 통한 언어사용을 개인화하기 위해서는 수업의 계획 및 준비단계, 실행단계, 발전단계, 평가단계에서 학습자 스스로 읽기를 강화한다.

첫 번째, 계획 및 준비단계에서 교수는 수업의 목표와 학습자의 사용을 고려하여 수업계획을 공지한다. 이 단계에서 교수는 일방적으로 가르친다는 계획을 배제하고 학습자가 사용자임을 전제로 수업활동을 계획한다. 예컨대 날씨에 관한 단원 내용일 경우 학습자들에게 관련 주제를 사전에 인터넷을 통해 검색하고 읽어보게 한다. 학습자에게 적당한 학습량을 통제하는 것은 수업의 질을 조절할 수 있기 때문에 명확한 주제를 제시하는 것이 바람직하다. 학습자는 날씨 정보를 획득하기 위한 목적으로 인터넷을 활용하게 되며, 날씨와 관련하여 오늘의 날씨, 주간 날씨, 세계의 날씨, 제주도 날씨, 날씨와 생활 정보 등 많은 정보를 접하게 되는데, 초급학습자의 경우 이해할 수 있는 내용에 비해 이해할 수 없는 내용이 훨씬 많으므로 사전을 찾거나 메모를 하는 등 자가학습이 이루어지게 되며 문제점을 해결하기 위한 요구를 갖고 수업에 임하게 된다.

두 번째, 실행단계에서는 수업에 적용할 교재 내용을 읽기 전 활동, 읽기 중 활동, 읽은 후 활동으로 나누어 진행할 수 있다. 읽기

전 활동으로 본 단원의 도입단계로 인터넷에서 읽은 내용들이 무엇인지 확인하고 그 내용을 공유한다. 읽기 중 활동으로 교수자는 단원에서 제시된 어휘, 문법, 문체 등의 설명이 필요하다. 예컨대 날씨와 관련된 '비, 소나기, 바람, 안개, 흐리다, 불다, 개다' 등과 같은 단어 제시, 그리고 '-겠-', '-다가' 와 같은 문법 항목 설명, 기본형 종결어미의 문체 특징 등을 설명하므로 학습자 스스로 예상했던 불완전한 이해를 정확하고 빠르게 독해할 수 있도록 요구한다. 우리가 사용하는 교재 내용은 모범적이고 실용적인 읽기 자료로 구성되어 있어야 하며 학습자 스스로 실제 읽기 자료와 부딪힐 때의 문제점을 개선해 주어야 할 것이다.

세 번째, 발전단계에서는 그룹별로 협동하여 학습자 개인의 배경지식을 토대로 주제 관련 경험을 토의하고 실제 읽기 자료를 만든다. 예컨대 출신 지역이 다른 학습자 고향의 날씨나 여행 가고 싶은 곳의 날씨를 토의하고 문장으로 엮어 읽기 자료를 만들고 그것을 블로그에 올려 전자출판 같은 활동으로 이어지게 한다. 이 과정은 말하기와 쓰기, 듣기를 통합한 유의미한 언어사용과정으로 학습자는 실제 사용을 전제로 과제를 완성하게 되며 새로운 언어사용 경험을 하게 된다.

네 번째, 평가단계는 학습자의 과제 수행 또는 결과물에서 나타나는 오류나 문제점을 검토하여 학생들에게 피드백을 줌으로 다음 수업의 효율성을 기한다.

이와 같은 수업활동은 학습자 중심으로 이루어져 학습자가 실제 사용을 목적으로 자연스럽게 언어 경험을 하기 때문에 한국어 학습의 필요성이 부각되고 학습자이면서 동시에 사용자임을 각인시킬 수 있게 된다. 또한 반복되는 수업 활동에서 인터넷 읽기를 개인화하는 효과를 기대하는 학습법이 형성될 수 있다.

읽기 학습에서 읽기 기능의 향상을 위해서는 다양한 단기 학습법을 사용할 필요가 있으며 읽기 사용을 위해서는 장기 학습법을 배양하여야 한다. 또한 단순히 학습법을 개발하는 것이 아니라 학습법에 대한 인식을 길러서 학습자 스스로 자신의 읽기를 관리할 수 있는 능력이 요구되어야 할 것이다.

4. 요약

한국어 교육은 학습자가 사용자로 전환될 때 그 의의가 크다고 하겠다. 교육이 끝나고 학습자의 한국어 사용이 이어지지 못하면 교육의 의의는 무색해질 것이다. 학습자가 사용자로 발전하지 못하는 가장 중요한 원인은 학습 목적이 언어의 사용이 아닌 도구적 수요이기 때문이며, 교육 목표와 학습 목적이 일치점에 놓이지 않은 결과로 보인다. 한국어 교육 목표를 의사소통 능력의 신장과 함께 한국어 사용을 위한 것으로 설정하고, 학습자의 학습 목적 역시 한국어 사용을 위한 것이 되도록 장기 학습법을 적용할 필요성이 있다.

한국어 교육에서 학습법의 개발은 교육목표와 밀접한 관련이 있으며 교수법에 따라 학습법이 선택된다고 해도 과언이 아니다. 언어

경험접근법은 학습자의 경험을 활성화하여 언어의 사용을 강화하는 이론적 원리로 수용할 수 있으며 교수·학습에 적용하여 학습자를 사용자로 인지시키는 장기 학습법을 형성하기 위한 모색이 된다. 학습은 습득이 아니며 실제 사용 경험을 바탕으로 습득이 이루어진다고 볼 때, 언어의 사용을 목표로 하는 교육은 학습이 습득으로 이어질 수 있는 또 하나의 전략이 될 것이다.

| 참고 문헌 |

김선희(2004),「경험중심 언어 학습을 통한 중학교 영어 교수-학습 활동 연구」, 한국교원대학교 석사학위논문.
김지영(2000),『제2언어 학습·교수론』, 형설출판사.
박영순 외(2008),『한국어와 한국어 교육』, 한국문화사, pp. 231~430.
서영숙(2008),「읽기수업에서의 경험나누기 활동을 통한 자발적 의사소통능력 신장 방안」, 경원대학교 석사학위논문.
신쬬오 후토시(2004),『외국어로서의 한국어 수업에 대한 학습자와 교수자의 요구 분석 연구』, 연세대학교 석사학위논문.
원동연(2008),『이것이 한국어다』, 김영사.
유정순(2005),「언어경험접근법을 적용한 영어읽기지도가 다른 언어 기능에 미치는 영향」, 한국교원대학교 석사학위논문.
윤희원(2008),「한국어 교육개론」,『한국어 교육1』, 서울대학교 사범대학 외국인을 위한지도자 과정, pp. 30~70.
임병빈 외(2003),『제2언어 교수 학습』, David Nunan 지음, 한국문화사.
전병만 외(2003),『외국어 교육 접근방법과 교수법』, Jack. Richards & Theodore S. Rodgers 지음, CAMBRIDGE.
정혜영(2007),「한국어 자가 학습자들의 학습 실태 조사와 요구 분석」, 경희대학교 석사학위논문.
최호정(2006),『외국어 완전정복』, 지식의 풍경.
한명희(2007),「인터넷을 통한 영어 읽기 지도 방안」, 경원대학교 석사학위논문.

찾아보기

ㄱ

개별 어휘 • 6, 7, 23, 25, 28, 45, 74
검색 방법 • 48
격조사 • 7, 61, 72, 79, 80, 132, 142, 144, 147
결합 관계 • 30, 31, 38, 74, 76, 78, 101, 102, 111, 116, 130, 142
결합 형태 • 30, 32, 33, 34, 38, 77, 101, 126, 129, 130, 131, 133, 137, 138
공기 관계 • 30, 125, 126, 127, 129, 131, 132, 134, 136, 137, 139, 141, 142, 144, 147
공기 양상 • 133, 134
공기 형태 • 6, 7, 130
공시적 코퍼스 • 17, 34
관용 표현 • 30, 144, 145, 168
관형사 • 133, 134, 142
관형사형 어미 • 109, 133, 142

관형어 • 56, 78, 133, 134, 138, 141, 142, 144
교수법 • 7, 181, 185, 189, 193
교육 단위 • 131
교육 자료 • 28, 90, 97, 120, 130
교육용 준말 목록 • 45
구 층위 • 140, 147
구어 코퍼스 • 14, 15
긴밀 형태 • 139
긴밀도 • 129, 136, 137, 139, 140, 147

ㄷ

다언어능력 • 156
다언어환경 • 153, 155, 158
단어 층위 • 140, 141, 147
단일어 코퍼스 • 15
담화적 의미 • 71
담화적 차원 • 63, 64, 70, 72, 73

ㅁ

말뭉치 ── 13, 14, 15, 16, 19, 20, 21, 22, 28, 42, 43, 44, 47, 50, 51, 64, 99, 100, 101, 104, 138

명사 ── 6, 31, 32, 33, 53, 68, 76, 78, 82, 84, 103, 113, 115, 124, 125, 128, 129, 130, 131, 132, 133, 134, 136, 137, 138, 140, 141, 142, 144, 147

모어 화자 ── 6, 26, 40, 43, 47, 65, 74, 122, 129

문맥적 의미 ── 7, 124, 128, 129, 138, 139, 145

문법 요소 ── 60, 61, 99, 133, 134

문법 형태 ── 6, 7

문법 형태소 ── 99, 132, 139, 140, 142

문어 코퍼스 ── 14

물결 21 ── 22

ㅂ

범용 코퍼스 ── 5, 19, 47, 57, 74

보조사 ── 5, 6, 53, 60, 61, 62, 63, 64, 65, 66, 67, 68, 69, 70, 71, 72, 73, 74, 75, 76, 77, 78, 79, 80, 81, 82, 83, 84, 85

본말 ── 6, 40, 41, 42, 43, 44, 45, 47, 49, 50, 53, 54, 56, 57

분포적 양상 ── 49, 50

ㅅ

사용 빈도 ── 28, 29, 34, 38, 39, 45, 75

사용 양상 ── 6, 25, 27, 28, 33, 34, 38, 40, 41, 42, 43, 45, 48, 57, 60, 61, 65, 73, 74, 83, 102, 127, 134, 164

사전 개발 ── 5, 6, 18, 87, 89, 90, 105

사전 이용 ── 89, 90, 111, 113, 115, 118, 120, 121, 127, 128

사전적 의미 ── 57, 64

사전한국어 ── 116, 117, 118, 119, 120

서술어 ── 31, 32, 129, 132, 133, 134, 140, 141, 142, 143, 147

선행어 ── 72, 75, 76, 77, 78, 100, 133, 134

속담 ── 26, 29, 30, 36, 37, 90, 140, 141, 144, 145, 147

시대적 배경 ── 6, 38

ㅇ

어휘 결합 형태 ── 126, 138

어휘 교수 요강······• 18, 28
어휘 덩어리······• 130, 131
어휘 빈도 조사······• 23, 25, 28, 38
어휘 중심 교육······• 18, 23
어휘 학습······• 111, 112, 116, 120, 129, 130, 131
어휘-문법의 통합 구성······• 131
어휘-문법적 특징······• 140, 147
언어 사용 양상······• 6
언어 사용 영역······• 154, 164
언어 자료······• 5, 6, 13, 16, 17, 18, 20, 26, 34, 73, 101
언어경험접근법······• 185, 186, 187, 188, 190, 194
언어사용 원리······• 153, 154
언어사용영역······• 170, 173
언어적 환경······• 70, 76, 84, 120, 125, 130, 157, 176
SJ-RIKS Corpus······• 14, 16, 19, 21, 22, 29, 31, 34, 47, 74, 139
연어 관계······• 111, 125, 127, 129, 130, 131, 140, 141, 142, 144, 147
연어 사전······• 28, 91, 98, 101, 103, 122, 124, 127, 135, 136
연어 정보······• 7, 124, 125, 127, 128, 132, 134, 135, 136, 140, 142, 147

연어 형태······• 5, 6, 7
용례······• 21, 23, 25, 29, 35, 36, 37, 48, 49, 50, 59, 61, 62, 77, 79, 82, 83, 84, 99, 100, 101, 102, 104, 116, 118, 130, 138, 144, 145, 146, 147
원어 코퍼스······• 16
유사 어휘······• 5, 6
유의 관계······• 25, 27, 29
유의어······• 5, 6, 25, 26, 27, 29, 30, 31, 37, 38, 100
의미관계······• 26
의미의 성분분석······• 27, 38
21세기 세종 계획······• 15, 20

ㅈ

자료 출처······• 6
종결형······• 43, 44, 54, 55, 57, 109
준말······• 5, 6, 40, 41, 42, 43, 44, 45, 46, 47, 48, 49, 54, 57, 58, 59

ㅊ

출전 자료······• 35, 36, 37, 38
출현 빈도······• 6, 29, 33, 45, 50, 83, 84, 144

ㅋ

코퍼스 •• 5, 6, 7, 13, 14, 15, 16, 17, 18, 19, 20, 21, 22, 23, 25, 26, 27, 28, 30, 33, 34, 35, 37, 38, 41, 43, 47, 48, 49, 50, 53, 57, 73, 74, 76, 83, 84, 124, 125, 128, 130, 131, 132, 134, 142, 144, 145, 147

코퍼스 구축 •• 5, 18, 23

코퍼스 기반 •• 18, 28

코퍼스 응용 •• 23

코퍼스 활용 •• 23

ㅌ

텍스트 •• 5, 13, 15, 21, 23, 43, 44, 71, 72, 190, 191

TOPIK •• 26, 166

통시적 코퍼스 •• 17, 34

ㅍ

표제어 •• 5, 25, 28, 41, 89, 91, 96, 97, 99, 100, 101, 102, 104, 113, 116, 118, 124, 127, 128, 130, 135, 136, 139, 140, 141, 142, 144, 145, 146, 147

표제어 선정 •• 5, 25, 99, 100, 101, 104

표현 층위 •• 127, 140, 141, 147

ㅎ

학습 사전 •• 5, 6, 7, 28, 87, 89, 90, 96, 97, 98, 99, 101, 103, 104, 105, 107, 108, 109, 110, 111, 117, 119, 123, 124, 127, 130

학습 자료 •• 96, 97, 159

학습법 •• 7, 23, 25, 27, 38, 45, 58, 181, 182, 185, 188, 189, 190, 191, 193, 194

학습자 요구 •• 105

학습자 코퍼스 •• 16, 17, 19, 20, 23

한국어 교재 •• 20, 45, 57, 63, 101

한국어 문법 •• 68, 70

한국어 사전 •• 67, 95, 98, 101, 107, 120, 123, 149

한국어 연어 사전 •• 28, 98, 101, 122, 124, 135, 136

한국어능력시험 •• 26, 37, 166

핵심어 •• 6, 30, 31, 32, 33, 38, 48, 76, 84, 130, 132, 134

형태 중심 •• 134, 136

형태소 • 29, 48, 50, 53, 74, 99, 126, 132, 137, 139, 140, 142, 144

호응 관계 • 109

혼합 코퍼스 • 14, 15

화자 • 16, 29

활용 • 5, 7, 15, 16, 18, 20, 23, 25, 26, 27, 28, 29, 30, 34, 37, 38, 39, 41, 43, 47, 50, 51, 52, 53, 54, 55, 56, 57, 61, 64, 74, 76, 83, 84, 89, 90, 97, 99, 101, 105, 111, 124

활용 양상 • 54

활용 정보 • 57

활용 형태 • 50, 51, 59, 99, 100

활용형 • 28, 41, 45, 53, 56, 57, 99, 100, 101, 109

후행어 • 74, 76, 78, 79, 84, 100, 133, 134